100 HECHOS INCREÍBLES SOBRE JAPÓN

2024, Marc Dresgui

Índice

Introducción 6
Hecho 1 - El monte Fuji es un volcán activo 7
Hecho 2 - Los cerezos sólo florecen unos días al año 8
Hecho 3 - Japón está formado por más de 6.800 islas 9
Hecho 4 - El Shinkansen viaja a más de 300 km/h 10
Hecho 5 - A los monos de las nieves les encanta bañarse 11
Hecho 6 - Los inodoros japoneses tienen funciones increíbles 12
Hecho 7 - Los tifones azotan Japón con regularidad 13
Hecho 8 - Las máquinas expendedoras venden de todo 14
Hecho 9 - Japón tiene más de 100 volcanes activos 15
Hecho 10 - Los terremotos son frecuentes en Japón 17
Hecho 11 - Japón tiene más de 80.000 templos 18
Hecho 12 - La carpa koi puede vivir 200 años 19
Hecho 13 - El monte Fuji es un lugar sagrado 20
Hecho 14 - Tokio es la ciudad más grande del mundo 21
Hecho 15 - Los luchadores de sumo son atletas superestrellas 22
Hecho 16 - Japón tiene trenes de dos pisos 23
Hecho 17 - Los festivales de farolillos iluminan la noche 24
Hecho 18 - Las escuelas japonesas tienen uniformes elegantes 25
Hecho 19 - Los bentos son comidas muy bien presentadas 26
Hecho 20 - Los niños participan en la limpieza de escuelas 28
Hecho 21 - Los cerezos simbolizan la belleza efímera 29
Hecho 22 - Los jardines zen son lugares de calma 30
Hecho 23 - Japón utiliza tres sistemas de escritura 31
Hecho 24 - La caligrafía japonesa es un arte delicado 32
Hecho 25 - Los baños públicos son muy populares 33
Hecho 26 - Los japoneses siempre se quitan los zapatos 34
Hecho 27 - Los maneki-neko traen buena suerte y fortuna 35
Hecho 28 - Los sumos comen chanko-nabe para crecer 36
Hecho 29 - Los samuráis llevaban elegantes armaduras 37
Hecho 30 - Las casas tradicionales tienen tatamis en el suelo 38
Hecho 31 - Japón es conocido como el País del Sol Naciente 39
Hecho 32 - Los sakura marcan el comienzo de la primavera 40
Hecho 33 - Los kimonos se llevan en ocasiones especiales 41
Hecho 34 - Las escuelas japonesas empiezan en abril 42
Hecho 35 - Los japoneses comen con palillos chinos 43
Hecho 36 - Los festivales del fuego son impresionantes 44
Hecho 37 - Japón es famoso por sus robots 45
Hecho 38 - Los templos suelen estar rodeados de naturaleza 46
Hecho 39 - Los torii rojos marcan la entrada a los santuarios 47
Hecho 40 - Los jardines de piedra se mantienen con esmero 49
Hecho 41 - Los escolares llevan carteras rojas 50
Hecho 42 - Los escolares comen todos juntos en clase 51
Hecho 43 - Los ciervos de Nara vagan libres 52

Hecho 44 - Los rascacielos de Tokio casi tocan el cielo 53
Hecho 45 - Los puentes japoneses suelen ser curvos 54
Hecho 46 - Los fuegos artificiales son un arte en Japón 55
Hecho 47 - Los dispensadores de bebidas están por todas partes 56
Hecho 48 - Los baños onsen son calentados por volcanes 57
Hecho 49 - Los niños celebran su 7º cumpleaños de forma diferente 58
Hecho 50 - Los shogunes gobernaron Japón en el pasado 60
Hecho 51 - Los paraguas transparentes son populares 61
Hecho 52 - Los tejados de los templos están curvados hacia el cielo 62
Hecho 53 - El pez Fugu es extremadamente peligroso 63
Hecho 54 - Se plantan cerezos a lo largo de las carreteras 64
Hecho 55 - Las familias se reúnen en Nochevieja 65
Hecho 56 - Japón inventó las tiendas de conveniencia 66
Hecho 57 - Las casas japonesas resisten los terremotos 67
Hecho 58 - Las tiendas de ultramarinos venden onigiri envasados 68
Hecho 59 - Los niños llevan yukatas en verano 69
Hecho 60 - Los luchadores de sumo se entrenan desde la infancia 71
Hecho 61 - Los jardines japoneses suelen incluir puentes 72
Hecho 62 - Los alumnos participan en clubes extraescolares 73
Hecho 63 - Los dispensadores de paraguas son habituales 74
Hecho 64 - Japón tiene una estación de lluvias bien definida 75
Hecho 65 - Los bosques de bambú son impresionantes 76
Hecho 66 - Japón recicla la mayor parte de sus residuos 77
Hecho 67 - Las campanas de viento se cuelgan en verano 78
Hecho 68 - Los brotes de bambú crecen muy rápido 79
Hecho 69 - Los escolares japoneses cantan el himno todas las mañanas ... 80
Hecho 70 - Los pasteles de mochi son resbaladizos y elásticos 82
Hecho 71 - En los templos budistas hay estatuas gigantes 83
Hecho 72 - Los trenes japoneses siempre son puntuales 84
Hecho 73 - Los animales de los parques urbanos están domesticados 85
Hecho 74 - Los japoneses a veces duermen en futones 86
Hecho 75 - Las hojas de arce se vuelven rojas en otoño 87
Hecho 76 - Los peces voladores existen de verdad en Japón 88
Hecho 77 - Los niños participan en carreras deportivas 89
Hecho 78 - Los wagashi son dulces artísticos 90
Hecho 79 - Las calles japonesas suelen ser muy estrechas 91
Hecho 80 - Los toriis flotantes son exclusivos de Miyajima 93
Hecho 81 - Los colegios tienen clubes de caligrafía 94
Hecho 82 - Los grabados japoneses ilustran paisajes 95
Hecho 83 - Los templos sintoístas se pintan de bermellón 96
Hecho 84 - El arroz es un alimento básico en Japón 97
Hecho 85 - Los templos zen son lugares de meditación 98
Hecho 86 - Japón tiene ciudades nevadas en invierno 99
Hecho 87 - Carroza Koinoboris en el Día del Niño 100
Hecho 88 - Los templos tienen jardines de arena rastrillada 101
Hecho 89 - Japón saluda en la derrota 102
Hecho 90 - Los tanuki son criaturas mitológicas 104

Hecho 91 - Los koinoboris simbolizan la fuerza y el valor 105
Hecho 92 - Los niños recolectan insectos en verano 106
Hecho 93 - Las montañas cubren el 70% de Japón 107
Hecho 94 - Los ríos japoneses son claros y rápidos 108
Hecho 95 - Los cerezos japoneses son un símbolo nacional 109
Hecho 96 - Los lápices japoneses suelen estar perfumados 110
Hecho 97 - La bicicleta es un medio de transporte popular 111
Hecho 98 - Los juegos tradicionales incluyen el kendama 112
Hecho 99 - Las tijeras japonesas están diseñadas para la precisión 113
Hecho 100 - En algunos lagos flotan nenúfares gigantes 115
Conclusión 116
Quiz 117
Respuestas 121

"Japón, con su esencia de armonía, es el más bello de los países."

- Masaaki Noda

Introducción

Bienvenido a un fascinante viaje por Japón, un país rico en tradición, modernidad y misterio. Tanto si ya le apasiona Japón como si simplemente siente curiosidad por saber más, este libro está diseñado para revelarle aspectos inesperados y cautivadores de esta tierra única. Desde costumbres ancestrales hasta innovaciones modernas, pasando por detalles sorprendentes de la vida cotidiana, descubrirá aquí una serie de Hecho que le harán ver Japón bajo una nueva luz.

Japón es mucho más que un destino turístico o una serie de tópicos sobre samuráis, sushi y cerezos en flor. Es un país donde cada esquina puede revelar un tesoro cultural, donde lo antiguo y lo nuevo conviven en armonía. Este libro le invita a sumergirse en lo desconocido, a explorar las sutilezas de esta isla y a comprender qué hace que Japón sea tan especial. Prepárese para dejarse sorprender por tradiciones milenarias que siguen vivas y por innovaciones que están dando forma al futuro.

Al hojear estas páginas, descubrirá costumbres sorprendentes, paisajes extraordinarios y elementos de la cultura japonesa que poca gente conoce realmente. Los 100 Hecho que hemos reunido aquí no sólo te dan información, sino que te cuentan historias. Estas anécdotas abren la puerta a un mundo que combina el respeto por el pasado con la búsqueda de la modernidad, siempre con un toque de misterio.

Este libro está diseñado para despertar su curiosidad y hacer que quiera saber más. Tanto si quiere profundizar en la historia de los samuráis, comprender la importancia de la ceremonia del té o descubrir por qué los trenes japoneses son los más puntuales del mundo, cada Hecho es una invitación a explorar y comprender mejor la cultura japonesa. Comprobará que Japón es una fuente inagotable de descubrimientos, donde cada detalle cuenta y tiene su lugar.

Entonces, ¿estás listo para iniciar tu viaje? Tanto si lee este libro de un tirón como si elige los hechos al azar, lo más importante es dejarse llevar por la riqueza y diversidad de Japón. Cada Hecho es una pequeña ventana a un mundo fascinante, a veces inesperado, pero siempre fascinante. Abra este libro y déjese llevar por la magia de Japón.

Marc Dresqui

Hecho 1 - El monte Fuji es un volcán activo

El monte Fuji, o Fuji-san en japonés, es el pico más alto de Japón, con 3.776 metros. Pero no es sólo una montaña majestuosa, sino también un volcán activo. Aunque entró en erupción por última vez en 1707, el monte Fuji no está dormido. Los científicos vigilan de cerca su actividad para detectar cualquier signo de despertar, ya que los volcanes activos, incluso los que llevan siglos en silencio, pueden entrar en erupción inesperadamente. La presencia de fumarolas y la actividad sísmica en la región indican que este volcán sigue muy vivo.

La erupción de 1707, conocida como la erupción de Hōei, fue una de las más espectaculares y devastadoras. No produjo flujos de lava, pero arrojó cenizas que cubrieron los alrededores, incluido Tokio, a unos 100 kilómetros de distancia. La lluvia de cenizas no sólo afectó a la agricultura, sino que también perturbó la vida cotidiana de los residentes locales durante meses. Esta erupción nos recuerda a todos que el monte Fuji, a pesar de su serena belleza, posee un poder formidable.

Hoy en día, el monte Fuji es uno de los símbolos más reconocibles de Japón y atrae a millones de visitantes y escaladores cada año. Muchos acuden para admirar su cima nevada y disfrutar de sus espectaculares panorámicas. A pesar de su condición de volcán activo, la ascensión al monte Fuji se considera relativamente segura, sobre todo durante la temporada estival, cuando los senderos están señalizados y vigilados. La ascensión es un reto popular tanto para japoneses como para turistas, que suelen creer que subir al Fuji al menos una vez en la vida es una experiencia ineludible.

Conscientes del peligro potencial, las autoridades japonesas han establecido sofisticados sistemas de vigilancia para seguir la actividad volcánica del monte Fuji. Estos sistemas incluyen sensores sísmicos, mediciones de gases volcánicos y análisis de la deformación del suelo, que puede indicar un aumento del magma. Si hay indicios de una erupción inminente, se ponen en marcha planes de evacuación y simulacros periódicos para proteger a las comunidades circundantes y a los visitantes del volcán.

El monte Fuji, con su perfecta forma cónica y su aura mística, sigue siendo una fuente de inspiración y fascinación. También es un recordatorio del impresionante poder de la naturaleza. Hecho como un volcán activo, simboliza tanto la belleza como el peligro, una dualidad que forma parte integral de la vida en Japón. Mientras camina a los pies de esta emblemática montaña o admira su cima desde Tokio en un día despejado, recuerde que el monte Fuji no es sólo un telón de fondo de postal, sino un gigante dormido listo para despertar en cualquier momento.

Hecho 2 - Los cerezos sólo florecen unos días al año

Los cerezos, o sakura en japonés, son uno de los árboles más emblemáticos de Japón. Todos los años atraen a grandes multitudes para admirar su espectacular floración, pero este momento mágico dura muy poco. Los cerezos en flor sólo aparecen una vez al año, normalmente en primavera, y permanecen en las ramas apenas una o dos semanas. Hecho que forma parte de su encanto, simboliza la belleza efímera de la naturaleza y la fugacidad de la vida.

El momento preciso en que aparecen los cerezos en flor varía según la región y el clima. En el sur de Japón, como Okinawa, las flores aparecen ya en enero, mientras que en Hokkaido, en el norte, no se abren hasta mayo. En Tokio y Kioto, las flores suelen empezar a abrirse a finales de marzo o principios de abril. La floración alcanza su punto álgido en pocos días, creando un espectáculo de miles de pétalos rosas y blancos que cubren los árboles como una nube ligera y fragante.

Para los japoneses, este periodo de floración, conocido como hanami, es un acontecimiento muy esperado y celebrado cada año. Familias, amigos y compañeros se reúnen en los parques bajo los cerezos en flor para hacer un picnic y admirar los árboles. Esta tradición se remonta a muchos siglos atrás, y los antiguos samuráis, así como los nobles de la corte imperial, ya disfrutaban de estos momentos bajo los árboles de sakura. Hoy en día, el hanami se ha convertido en un verdadero símbolo de convivencia y alegría compartida.

Los cerezos en flor son extremadamente delicados y sensibles a las condiciones meteorológicas. Las lluvias torrenciales, los fuertes vientos o un descenso repentino de la temperatura pueden hacer que los pétalos caigan antes de lo previsto, acortando el periodo de floración. Por eso los japoneses siguen de cerca las previsiones de floración, que se emiten como una especie de parte meteorológico especial cada primavera, para no perderse este espectáculo natural.

Esta floración breve pero de intensa belleza nos enseña a apreciar el momento presente. Cuando los pétalos comienzan a caer, crean una lluvia de flores conocida como sakura fubuki, o tormenta de flores de cerezo. A continuación, los pétalos cubren el suelo en una alfombra de colores, ofreciendo una última muestra de la belleza del sakura antes de desaparecer. Este fenómeno nos recuerda que, al igual que los cerezos en flor, los momentos preciosos de la vida son a menudo breves, pero profundamente memorables.

Hecho 3 - Japón está formado por más de 6.800 islas

Japón es un país insular, lo que significa que está formado en su totalidad por islas. De hecho, Japón tiene más de 6.800 islas, lo que resulta sorprendente para muchas personas que sólo suelen conocer las cuatro principales: Honshu, Hokkaido, Kyushu y Shikoku. Estas cuatro grandes islas albergan la mayor parte de la población y las principales ciudades del país, pero a su alrededor se extiende un vasto y variado archipiélago compuesto por miles de islas más pequeñas, cada una con sus propias características.

Algunas de estas miles de islas están habitadas, mientras que muchas son demasiado pequeñas o remotas para estarlo. Honshu, la isla más grande y poblada, alberga ciudades famosas como Tokio, Kioto y Osaka. Hokkaido, en el norte, es conocida por sus duros inviernos y magníficos paisajes naturales. Kyushu y Shikoku, al sur, son igualmente ricas en cultura, historia y paisajes diversos. Estas islas principales ofrecen una visión de la diversidad geográfica y climática de Japón.

El resto de las islas de Japón varían enormemente en tamaño y entorno. Algunas, como Okinawa, son conocidas por sus playas paradisíacas y su clima subtropical, que atraen a turistas en busca de sol y mar cálido. Otras, como las islas Ogasawara, son tan remotas que a menudo se las conoce como las "Galápagos de Japón" por su flora y fauna únicas. Estas islas más pequeñas desempeñan un papel importante en la biodiversidad del país, ya que proporcionan hábitats para muchas especies raras y endémicas.

Históricamente, las islas han desempeñado un papel crucial en la protección y el aislamiento de Japón. El mar ha actuado como barrera natural, ayudando a preservar la cultura y las tradiciones japonesas al tiempo que las protegía de invasiones exteriores. Las islas también han fomentado el desarrollo de una sólida sociedad marítima, con conocimientos de navegación y pesca que han sido esenciales para la subsistencia de sus habitantes. Todas las islas, grandes o pequeñas, han contribuido a la historia y la identidad de Japón.

Hoy, estos miles de islas siguen configurando la vida cotidiana y la economía del país. No sólo ofrecen recursos naturales, sino también oportunidades para el comercio marítimo y el turismo. Las islas están unidas por una impresionante red de puentes y túneles, lo que facilita los desplazamientos. Esta diversidad insular hace aún más fascinante a Japón, un país donde cada isla, independientemente de su tamaño, tiene su propia historia e identidad, lo que se suma a la riqueza cultural y natural del archipiélago.

Hecho 4 - El Shinkansen viaja a más de 300 km/h

El Shinkansen, conocido como "tren de alta velocidad" o "tren bala", es una de las maravillas tecnológicas de Japón. Lanzado por primera vez en 1964, el Shinkansen ha revolucionado el transporte ferroviario al alcanzar velocidades impresionantes que hoy superan los 300 km/h. Imagínese recorrer la distancia entre Tokio y Osaka, unos 500 kilómetros, en poco más de dos horas. Este tren se ha convertido en un símbolo de velocidad y eficacia, uniendo las principales ciudades de Japón en un abrir y cerrar de ojos.

El secreto de la velocidad del Shinkansen reside en su diseño aerodinámico y su avanzada tecnología. Los trenes están especialmente diseñados para reducir la resistencia del aire, con largas narices puntiagudas que recuerdan la forma del pico de un pájaro. Además de mejorar la velocidad, este diseño reduce el ruido al pasar por túneles, un reto importante para trenes tan rápidos. Los ingenieros japoneses no han dejado de mejorar el Shinkansen, introduciendo modelos aún más rápidos y cómodos para los pasajeros.

Además de por su velocidad, el Shinkansen es famoso por su ejemplar puntualidad. Los retrasos suelen medirse en segundos y no en minutos, algo impresionante para un sistema de transporte tan complejo. Los trenes salen a su hora, incluso cuando tienen que recorrer largas distancias a través de montañas, puentes y túneles submarinos. Esta puntualidad es el resultado de una organización rigurosa y un mantenimiento continuo, que garantizan la seguridad y fiabilidad del servicio.

Hecho, el Shinkansen no sólo transporta pasajeros rápidamente, sino que lo hace con una comodidad extraordinaria. Los asientos son espaciosos y reclinables, y las grandes ventanas ofrecen unas vistas impresionantes del paisaje japonés, desde montañas y arrozales hasta modernas ciudades. A bordo, todo está pensado para que el viaje sea placentero: vagones silenciosos, servicios de catering e incluso aseos de alta tecnología como los que suelen encontrarse en Japón.

El desarrollo del Shinkansen también ha tenido un impacto positivo en la economía japonesa al facilitar los desplazamientos por trabajo y turismo. Ha acercado regiones, haciendo más accesibles los viajes de negocios y las visitas familiares. El Shinkansen es mucho más que un medio de transporte: encarna la innovación y el compromiso de Japón de crear soluciones de movilidad rápidas, seguras y agradables para todos. En su próximo viaje a Japón, subir a un Shinkansen significa experimentar de primera mano una de las proezas tecnológicas más impresionantes del país.

Hecho 5 - A los monos de las nieves les encanta bañarse

Los monos de las nieves, también conocidos como macacos japoneses, son famosos por su inusual costumbre de bañarse en aguas termales. Estos monos viven en las montañas nevadas de la isla de Honshu, donde las temperaturas invernales pueden caer muy por debajo de cero. Para mantenerse calientes, han descubierto una ingeniosa solución: los onsen, las fuentes termales naturales que salpican las montañas de Japón. Los monos se sumergen en estos baños calientes, y es un espectáculo fascinante para los visitantes.

Estos macacos, reconocibles por su espeso pelaje y sus caras rojas, suelen congregarse en el Parque Jigokudani, donde las aguas termales son especialmente accesibles. Este comportamiento se observó por primera vez en la década de 1960, cuando los monos empezaron a imitar a los humanos que se bañaban en los onsen. Lo que empezó como una curiosidad se ha convertido en una rutina diaria para estos astutos animales, que encuentran en ello una forma eficaz de combatir el gélido frío del invierno.

El baño no es sólo una cuestión de comodidad para estos monos; también desempeña un importante papel social. Los macacos se reúnen en las aguas termales, reforzando sus lazos sociales mientras se relajan. Los monos jóvenes aprenden a bañarse observando a los adultos, y las familias se acurrucan juntas en el agua caliente. Este comportamiento único es un excelente ejemplo de adaptación animal y demuestra hasta qué punto los monos de las nieves son capaces de aprender y adaptarse a su entorno.

Los monos de las nieves también tienen otro rasgo fascinante: se encuentran entre los primates más septentrionales del mundo, y viven en condiciones que pocos otros monos tolerarían. Su habilidad para utilizar los onsen para mantenerse calientes no es sólo un comportamiento aprendido, sino también una muestra de su inteligencia e ingenio. Los investigadores han observado que los monos que se bañan tienen niveles de estrés más bajos, lo que demuestra que el baño no sólo es agradable, sino también beneficioso para su salud.

Ver bañarse a estos monos de las nieves es una experiencia inolvidable y un ejemplo vivo de cómo los animales pueden adaptarse a los retos de la naturaleza. Al verlos relajarse en el agua caliente, es inevitable sonreír por su parecido con los humanos que disfrutan de un baño relajante. Los monos de las nieves de Japón son un maravilloso testimonio de la riqueza natural del país y de la capacidad de la fauna salvaje de encontrar soluciones ingeniosas para sobrevivir y prosperar en entornos difíciles.

Hecho 6 - Los inodoros japoneses tienen funciones increíbles

En Japón, los retretes no son meros aparatos utilitarios, sino auténticos concentrados de tecnología que pueden sorprender hasta al más tecnófilo. Los inodoros japoneses modernos, a menudo llamados washlets, están equipados con muchas funciones avanzadas que hacen la experiencia mucho más cómoda e higiénica. Una de las características más populares es el asiento calefactado, que mantiene una temperatura agradable, especialmente en los fríos días de invierno. No hay que preocuparse por el choque térmico al sentarse.

Estos inodoros también disponen de chorros de agua regulables para la limpieza, un sistema conocido como bidé. Con botones para ajustar la presión y la temperatura del agua, puede personalizar su experiencia según sus preferencias. Algunos modelos incluso ofrecen opciones de secado al aire, eliminando la necesidad de papel higiénico. Este nivel de personalización y cuidado hace que el uso del inodoro no sólo sea más agradable, sino también más respetuoso con el medio ambiente al reducir el consumo de papel.

Las innovaciones no acaban ahí: muchos inodoros japoneses están equipados con dispositivos de reducción de ruido para mayor discreción. Con sólo pulsar un botón, se puede reproducir un sonido de agua corriente o música ligera para enmascarar los ruidos molestos. Esta función, conocida como "Otohime" o "Princesa del Sonido", es especialmente popular en los aseos públicos, donde se valora mucho la intimidad. Esta atención al detalle demuestra hasta qué punto se tiene en cuenta la comodidad del usuario en Japón.

Para mayor comodidad, algunos inodoros están equipados con sensores automáticos que detectan su presencia y activan la apertura y cierre de la tapa sin que tenga que tocarla. La descarga automática, que se activa al salir, también garantiza una limpieza constante y reduce el contacto con las superficies. Los inodoros suelen venir con paneles de control, a menudo en la pared o integrados en el reposabrazos, donde unos iconos claros facilitan el uso de todas las funciones.

Esta obsesión por la comodidad y la limpieza en los aseos refleja un valor fundamental de la cultura japonesa: la atención al detalle y el deseo de que todos los aspectos de la vida cotidiana sean lo más agradables posible. Los aseos japoneses son, por tanto, mucho más que un simple objeto funcional; representan un enfoque innovador y respetuoso del bienestar personal. Ya sea en un hotel, en un restaurante o incluso en una estación de tren, descubrir estos aseos es una experiencia única que ilustra a la perfección el ingenio y la búsqueda constante de la comodidad de Japón.

Hecho 7 - Los tifones azotan Japón con regularidad

Debido a su posición geográfica, Japón es azotado regularmente por tifones, poderosas tormentas similares a los huracanes. Cada año, entre junio y octubre, el país es testigo de varias de estas tormentas, que se forman sobre las cálidas aguas del Pacífico. Los tifones traen vientos violentos y lluvias torrenciales, y pueden causar grandes inundaciones y corrimientos de tierra. Aunque estos fenómenos suelen ser espectaculares y a veces destructivos, los japoneses han aprendido a convivir con esta realidad natural y a prepararse para minimizar los daños.

Los tifones suelen seguir una trayectoria noroeste, golpeando primero las islas del sur, como Okinawa, antes de ascender hacia las islas mayores de Honshu y Kyushu. Cuando llegan, los vientos pueden superar los 150 km/h, arrancando árboles, dañando edificios e interrumpiendo el transporte. Las precipitaciones suelen ser intensas, provocando inundaciones repentinas tanto en zonas urbanas como rurales. En Tokio, por ejemplo, no es raro que los ríos se desborden, obligando a los residentes a tomar medidas de emergencia.

Para protegerse de los tifones, Japón ha establecido sistemas de prevención y alerta muy sofisticados. Las previsiones meteorológicas son extremadamente precisas y se avisa a los residentes de los tifones con mucha antelación a su llegada. Se pueden cerrar escuelas, cancelar trenes y aviones, y emitir órdenes de evacuación para las zonas de riesgo. Los edificios modernos también están diseñados para resistir los fuertes vientos, con estructuras reforzadas y ventanas a prueba de tormentas. En las ciudades, se construyen diques y canales para gestionar las inundaciones, lo que demuestra la importancia que se concede a la protección contra las catástrofes naturales.

Los tifones no son sólo una amenaza; también desempeñan un papel importante en el ecosistema de Japón. Aportan grandes cantidades de agua que son esenciales para llenar los embalses y regar los cultivos durante los calurosos meses de verano. Las precipitaciones provocadas por los tifones pueden ayudar a reducir el riesgo de sequía y a mantener sanos los bosques y los ríos. Sin embargo, este aspecto beneficioso no quita en absoluto la necesidad de permanecer vigilantes y bien preparados ante estos fenómenos naturales.

Hecho que forma parte integrante de la vida en Japón es la resistencia a los tifones, los terremotos y los volcanes. Esta resistencia ante las fuerzas de la naturaleza es una cualidad esencial de los japoneses, que adaptan su estilo de vida y sus infraestructuras para superar estos retos. Los tifones son un recordatorio del poder de la naturaleza, pero también de la capacidad humana para adaptarse y prosperar a pesar de la adversidad.

Hecho 8 - Las máquinas expendedoras venden de todo

En Japón, las máquinas expendedoras están por todas partes: en calles, estaciones, edificios e incluso en el campo. Estas máquinas se han convertido en una parte esencial del paisaje japonés, ofreciendo una comodidad inigualable tanto a los lugareños como a los visitantes. Lo que hace que las máquinas expendedoras japonesas sean tan impresionantes es la increíble variedad de productos que ofrecen. Claro que se pueden comprar bebidas como té, café y refrescos, pero venden mucho más que eso. Desde comida caliente, como fideos instantáneos o maíz en lata, hasta paraguas y mascarillas quirúrgicas, las posibilidades parecen infinitas.

La razón de esta diversidad es sencilla: a los japoneses les encanta la comodidad y la eficacia. En un país donde la gente suele estar muy ocupada, tener acceso a una amplia gama de productos a cualquier hora del día o de la noche es una verdadera ventaja. Las máquinas expendedoras se reponen constantemente y se mantienen en buen estado, por lo que siempre puede confiar en ellas para encontrar lo que necesita, ya sea una bebida fría en verano o una sopa caliente en invierno. Algunas máquinas expendedoras están incluso equipadas con cámaras para identificar la edad del cliente y ofrecerle los productos adecuados.

Al recorrer las calles de Japón, es posible toparse con máquinas expendedoras que venden cosas tan sorprendentes como huevos frescos, fruta, flores e incluso pilas o corbatas. En algunas zonas, encontrará máquinas que venden ropa, juguetes e incluso artículos de primera necesidad, como papel higiénico. Incluso hay máquinas expendedoras que venden comidas preparadas, como hamburguesas o pizzas, listas para comer en pocos minutos. Esta variedad demuestra hasta qué punto Japón ha llevado la idea de las máquinas expendedoras a un nivel completamente nuevo.

Una de las razones por las que las máquinas expendedoras están tan extendidas en Japón es la seguridad. Las calles japonesas están entre las más seguras del mundo, lo que significa que las máquinas expendedoras pueden funcionar sin riesgo de vandalismo. Hecho que anima a las empresas a instalar máquinas expendedoras en sus establecimientos. Esto anima a las empresas a instalar máquinas expendedoras en lugares poco habituales, incluso en zonas poco pobladas donde no necesariamente hay comercios cerca.

Las máquinas expendedoras en Japón son algo más que una forma de comprar productos; representan una faceta única de la cultura del país, centrada en la comodidad, la innovación y el servicio. Ofrecen una visión fascinante de la vida cotidiana en Japón y son un ejemplo perfecto de cómo la tecnología puede utilizarse para simplificar y enriquecer la vida diaria.

Hecho 9 - Japón tiene más de 100 volcanes activos

Japón es uno de los países más volcánicos del mundo, con más de 100 volcanes activos repartidos por todo su territorio. Esta intensa actividad volcánica se debe a la posición de Japón en el Cinturón de Fuego del Pacífico, una zona de gran actividad sísmica y volcánica. Los volcanes japoneses no son sólo impresionantes accidentes geográficos; forman parte integrante de la vida cotidiana y del paisaje natural del país. Desde majestuosas montañas como el monte Fuji hasta cráteres humeantes en la isla de Kyushu, los volcanes están por todas partes.

Entre los volcanes más activos está el Sakurajima, situado cerca de la ciudad de Kagoshima. Este volcán entra en erupción casi constantemente, arrojando ceniza y humo al cielo, a veces varias veces al día. Los habitantes de Kagoshima están acostumbrados a convivir con esta actividad volcánica, llegando incluso a llevar mascarillas para protegerse de la ceniza y limpiando regularmente las calles y tejados cubiertos de partículas volcánicas. A pesar de las molestias, consideran al Sakurajima como un vecino poderoso pero predecible.

Los volcanes de Japón también desempeñan un papel crucial en la economía y el turismo del país. Las aguas termales u onsen, muy populares en Japón, deben su existencia a la actividad volcánica. Estos baños naturales se calientan con el calor subterráneo de los volcanes y atraen a millones de visitantes cada año. Los onsen no son sólo lugares para relajarse, también son apreciados por sus virtudes terapéuticas, y algunos de ellos están situados en parajes espectaculares, al pie de volcanes activos.

Las autoridades japonesas vigilan de cerca la actividad de los volcanes para prevenir los riesgos asociados a las erupciones. Se utilizan redes de sensores, cámaras y satélites para detectar el menor indicio de aumento de la actividad. Cuando los volcanes muestran signos de despertar, se emiten rápidamente alertas para evacuar las zonas de riesgo. Los japoneses están bien preparados y entrenados para hacer frente a estas situaciones, demostrando resiliencia ante las fuerzas de la naturaleza.

Los volcanes de Japón no son sólo gigantes amenazadores; también son símbolos del poder de la naturaleza y de la cruda belleza del paisaje japonés. El monte Fuji, aunque inactivo, sigue siendo un volcán activo y uno de los lugares más venerados del país. Ya sea por su potencial destructivo o por su capacidad para crear magníficos paisajes, los volcanes de Japón son una característica ineludible de este fascinante país, un recordatorio constante de la fuerza y la energía que bullen bajo la superficie terrestre.

Hecho 10 - Los terremotos son frecuentes en Japón

Japón es uno de los países con mayor actividad sísmica del mundo, con terremotos casi diarios en algún lugar del archipiélago. Esta constante actividad sísmica se debe a la posición de Japón en la confluencia de varias placas tectónicas, sobre todo la Placa del Pacífico y la Placa Euroasiática. Estas placas rozan, chocan y se mueven unas bajo otras, provocando temblores de intensidad variable. Los japoneses están acostumbrados a estos seísmos, que suelen sentir en forma de pequeños temblores regulares.

Los terremotos pueden ser bastante impresionantes, pero la mayoría son de baja magnitud y causan pocos daños. Sin embargo, algunos terremotos pueden ser mucho más potentes y destructivos. Las escuelas y los edificios están diseñados para resistir estos temblores, con estrictas normas de construcción que incluyen cimientos antisísmicos y estructuras flexibles. Cuando se producen temblores, los residentes suelen estar bien preparados, con simulacros periódicos que les enseñan cómo reaccionar en caso de terremoto, como refugiarse bajo muebles sólidos o alejarse de las ventanas.

Uno de los ejemplos más impactantes de la historia reciente es el terremoto de magnitud 9 que sacudió el noreste de Japón en 2011. Este seísmo, seguido de un devastador tsunami, dejó una profunda huella en el país y sirvió de recordatorio del poder de la naturaleza. Desde entonces, Japón ha reforzado aún más sus medidas de seguridad y sus sistemas de alerta temprana. Hoy en día, las sirenas y los anuncios en los teléfonos móviles avisan a la gente unos segundos antes de que los temblores lleguen a su zona, lo que puede marcar la diferencia a la hora de ponerse a salvo.

A pesar de los riesgos, los terremotos forman parte de la vida cotidiana de los japoneses, que han aprendido a vivir con esta realidad. Desde pequeños, los niños participan en simulacros de evacuación y aprenden lo que deben hacer para protegerse. Los edificios públicos y los hogares suelen estar equipados con botiquines de emergencia que contienen alimentos, agua y material de primeros auxilios. Esta preparación rigurosa y este sentido de la resistencia son aspectos importantes de la cultura japonesa, moldeada por siglos de vida en una tierra en constante movimiento.

Los terremotos recuerdan a los japoneses su íntima relación con las fuerzas de la naturaleza, al igual que los tifones y los volcanes activos. Cada temblor es un recordatorio de que la Tierra está viva y en constante evolución. Para los visitantes, sentir un pequeño terremoto puede ser sorprendente, pero también es una forma de comprender mejor cómo los japoneses han adaptado su forma de vida a un entorno a veces impredecible.

Hecho 11 - Japón tiene más de 80.000 templos

Japón es un país rico en historia y espiritualidad, y esto se refleja en sus numerosos templos. Hay más de 80.000 templos budistas repartidos por todo el archipiélago. Estos templos no son sólo lugares de culto, sino también tesoros arquitectónicos y culturales que atraen a visitantes de todo el mundo. Cada templo tiene su propio carácter, desde pequeños santuarios escondidos en las montañas hasta enormes complejos urbanos adornados con esculturas y apacibles jardines.

Uno de los templos más famosos de Japón es el Kiyomizu-dera de Kioto, encaramado en una colina desde la que se divisa una impresionante vista de la ciudad. Este templo es especialmente famoso por su gran terraza de madera sostenida por gigantescos pilares, sin utilizar un solo clavo. Kiyomizu-dera es un ejemplo del ingenio y la habilidad de los antiguos constructores japoneses. Cada año, millones de visitantes acuden aquí para rezar, pedir deseos o simplemente disfrutar de la serena belleza del lugar.

Los templos japoneses también varían según su escuela budista y su historia. Algunos, como el templo Senso-ji de Tokio, están dedicados a deidades budistas y se llenan de fieles y turistas. Otros, más pequeños y remotos, sirven como retiros de meditación para monjes y practicantes. El templo de Ryoan-ji, famoso por su jardín zen de piedra, ofrece un espacio para la reflexión y la contemplación, invitando a los visitantes a detenerse y encontrar la paz interior, incluso en medio de la vida moderna.

Los templos no son sólo lugares para adultos; también desempeñan un papel importante en la vida de los niños japoneses. Muchas familias visitan los templos para ceremonias especiales como el Shichi-Go-San, una celebración que marca las edades de 3, 5 y 7 años. Los niños visten ropas tradicionales y reciben bendiciones para su salud y felicidad futuras. Estas visitas crean recuerdos preciosos y establecen un profundo vínculo entre las nuevas generaciones y sus tradiciones.

Los templos de Japón son mucho más que meros monumentos. Son símbolos vivos de la cultura japonesa, reflejo de siglos de fe, arte y arquitectura. Cada uno cuenta una historia única, y juntos forman una red de espiritualidad y patrimonio que se extiende por todo el país. Tanto si se encuentra en el centro de la ciudad como en la cima de una montaña, siempre hay un templo por descubrir, un recordatorio de la belleza y profundidad de la cultura japonesa.

Hecho 12 - La carpa koi puede vivir 200 años

Las carpas koi, con sus colores vibrantes y su gracia tranquila, son mucho más que peces decorativos en Japón. A menudo se las ve en jardines y estanques tradicionales, simbolizando la perseverancia y la prosperidad. Lo más fascinante de la carpa koi es su extraordinaria longevidad. Algunas pueden vivir más de 200 años, una edad que parece casi inimaginable para un pez. Uno de los casos más famosos es el de Hanako, una carpa koi roja que vivió hasta la impresionante edad de 226 años antes de morir en 1977.

Esta longevidad excepcional se debe a una serie de factores, como una alimentación cuidadosa, un entorno limpio y una atención especial por parte de sus propietarios. Las carpas koi suelen criarse en estanques bien mantenidos, donde la calidad del agua se controla estrictamente para evitar enfermedades. Se las alimenta con una dieta rica y variada, que les proporciona todos los nutrientes que necesitan para mantenerse sanas. Los cuidados que les proporcionan los criadores desempeñan un papel crucial en su capacidad para vivir tanto tiempo.

La carpa koi no sólo es un pez resistente, sino también muy adaptable. Pueden vivir en una gran variedad de climas, soportando tanto inviernos rigurosos como veranos calurosos, lo que las hace ideales para los estanques japoneses que experimentan grandes variaciones estacionales. Esta adaptabilidad también contribuye a su longevidad, ya que pueden sobrevivir en condiciones en las que otros peces tendrían dificultades para prosperar.

Su longevidad también es simbólica en la cultura japonesa. La carpa koi se asocia a menudo con virtudes como la perseverancia, la fortaleza ante la adversidad y la superación de obstáculos. En las leyendas japonesas, se dice que la carpa koi que consigue remontar a nado la cascada de la Puerta del Dragón se transforma en dragón, símbolo de poder y transformación. Así que tener carpas koi en el jardín no es sólo un signo de buena suerte, sino también una fuente de inspiración para superar los retos de la vida.

Más allá de su belleza y longevidad, las carpas koi son apreciadas por su capacidad para aportar calma y serenidad. Contemplar a una carpa koi nadando lentamente en un estanque es una experiencia relajante, que invita a la reflexión y a la paz mental. Estos peces, que pueden vivir más de dos siglos, a menudo se convierten en compañeros de por vida para las familias que los crían, transmitiendo valores de paciencia y respeto por la naturaleza a través de las generaciones.

Hecho 13 - El monte Fuji es un lugar sagrado

El monte Fuji, con su forma cónica casi perfecta y su cima a menudo nevada, es mucho más que una montaña en Japón. Se considera un lugar sagrado desde hace siglos y ocupa un lugar importante en la espiritualidad japonesa. Las creencias sintoístas y budistas la consideran una montaña sagrada, hogar de deidades y símbolo de pureza. Por eso, durante generaciones, los japoneses han venerado el monte Fuji no sólo por su majestuosa belleza, sino también por su significado espiritual.

Las peregrinaciones a la cima del monte Fuji son una antigua tradición que se remonta a más de mil años. Durante el periodo Edo, estas peregrinaciones eran muy populares y se consideraban un acto de devoción. Incluso hoy, cada verano, miles de personas suben al monte Fuji, no sólo por el desafío físico, sino también por el aspecto espiritual. La ascensión a la cima se considera una purificación del alma, y numerosos templos y santuarios salpican los caminos que conducen a la cima, permitiendo a los escaladores rezar o rendir homenaje a las deidades locales.

A los pies del monte Fuji se encuentra el santuario Sengen, dedicado a la diosa sintoísta Konohanasakuya-hime, a menudo asociada con la montaña. Este santuario es uno de los principales puntos de partida de los peregrinos. Según la leyenda, se supone que la diosa protege al monte Fuji y a sus visitantes. El santuario desempeña un papel central en los rituales relacionados con la montaña, como las oraciones por una ascensión segura y las bendiciones para los escaladores. Esta conexión divina refuerza la naturaleza sagrada de la montaña y la convierte en lugar de reunión para quienes buscan la bendición de los dioses.

El monte Fuji también ha inspirado muchas prácticas religiosas y espirituales a lo largo de los siglos. Los ascetas budistas, por ejemplo, acudían a meditar a sus laderas para buscar la iluminación y la paz interior. Esta montaña es un lugar donde el cielo y la tierra parecen encontrarse, creando una atmósfera propicia para la reflexión y la meditación. Las espectaculares vistas al amanecer, que los japoneses llaman "Goraikō", son especialmente populares entre quienes buscan un momento de conexión espiritual con la naturaleza.

En la actualidad, el monte Fuji sigue desempeñando un papel central en la cultura japonesa, no sólo como símbolo natural, sino también como lugar de culto y profundo respeto. Su condición de lugar sagrado atrae a personas de todas las clases sociales, y está reconocido como Patrimonio de la Humanidad por la UNESCO por su importancia cultural y espiritual.

Hecho 14 - Tokio es la ciudad más grande del mundo

Tokio, la capital de Japón, es la ciudad más grande del mundo en términos de población, con más de 37 millones de habitantes en su área metropolitana. Es una impresionante megalópolis en constante crecimiento y evolución. Paseando por Tokio, se puede sentir la increíble energía que emana de sus bulliciosas calles, sus relucientes rascacielos y sus distritos en constante cambio. Esta ciudad es un auténtico cruce de culturas, innovaciones tecnológicas y tradiciones ancestrales.

El tamaño de Tokio se mide no sólo por el número de habitantes, sino también por sus infraestructuras. Tokio es una compleja red de distritos distintos, cada uno con su propia identidad. Shibuya es famoso por sus concurridos cruces y tiendas de moda; Shinjuku brilla con sus luces de neón y su animada vida nocturna, mientras que Asakusa alberga el templo Senso-ji, un lugar de serenidad en medio de la modernidad. Hecho que hace de Tokio una ciudad fascinante para explorar, donde cada esquina esconde un nuevo descubrimiento.

Tokio es también un centro económico mundial, sede de algunas de las mayores empresas y bolsas del mundo. Desempeña un papel clave en la economía mundial, y su red de transporte público, una de las más eficaces y puntuales del mundo, refleja esta importancia. Cada día, millones de personas utilizan el metro y los trenes para desplazarse, a menudo en estaciones que parecen pequeñas ciudades subterráneas, con tiendas, restaurantes y servicios diversos.

A pesar de su gigantesco tamaño, Tokio también tiene mucho que ofrecer en términos de paz y verdor. Parques como los de Ueno y Yoyogi son remansos de paz a los que los residentes acuden para relajarse, hacer deporte o ir de picnic bajo los cerezos en flor en primavera. Estos espacios verdes aportan un equilibrio vital a la ciudad y muestran cómo Tokio consigue conjugar naturaleza y urbanismo. Es una ciudad en la que se puede pasar en cuestión de minutos de la densa aglomeración de un centro comercial a la tranquilidad de un jardín zen.

Tokio, antaño conocida como Edo, tiene una rica historia que ha dado forma a la ciudad tal y como la conocemos hoy. De ser un pequeño pueblo de pescadores, Tokio se convirtió en la capital de Japón en el siglo XVII y no ha dejado de crecer desde entonces. Ha sobrevivido a desastres naturales como terremotos e incendios, y siempre se ha reconstruido a sí misma, cada vez más fuerte y más grande. Hecho que hace de Tokio no sólo la ciudad más grande del mundo, sino también una de las más dinámicas y resistentes.

Hecho 15 - Los luchadores de sumo son atletas superestrellas

El sumo, el deporte de lucha tradicional japonés, es mucho más que una simple competición de fuerza y técnica. Los luchadores de sumo, impresionantes por su tamaño y peso, son considerados superestrellas en Japón. Este prestigioso estatus se remonta a siglos atrás y va acompañado de un profundo respeto por parte del público. Los luchadores de sumo son figuras emblemáticas de Japón, encarnación de la tradición, la disciplina y la excelencia deportiva.

Los luchadores de sumo siguen un estilo de vida estricto y disciplinado, a menudo desde la adolescencia. Viven en "establos" llamados heya, donde su vida diaria se dedica por completo al entrenamiento y la preparación para los torneos. Los luchadores de sumo siguen una dieta hipercalórica, con platos como el chanko-nabe, un guiso rico en proteínas y verduras que ayuda a mantener su imponente peso. Su jornada comienza al amanecer con horas de entrenamiento intensivo, que incluye ejercicios de fuerza y equilibrio y técnicas de lucha.

En competición, los luchadores de sumo pelean en un dohyō, un ring circular de arcilla cubierto de arena, bajo la atenta mirada de apasionados espectadores. Las reglas son sencillas: pierde el primer luchador que salga del círculo o toque el suelo con algo que no sean los pies. A pesar de su tamaño, los luchadores de sumo son increíblemente ágiles y estratégicos, y utilizan diversas técnicas para desequilibrar a sus oponentes. Cada combate, aunque corto, está lleno de tensión y estrategia, cautivando la atención del público.

Los sumos más grandes, como el yokozuna, son celebridades en Japón. El título de yokozuna, el más alto en la jerarquía del sumo, rara vez se concede y representa el máximo reconocimiento de maestría y deportividad. Los yokozuna suelen ser invitados a eventos prestigiosos y su imagen se utiliza en la publicidad y los medios de comunicación. Su popularidad se extiende mucho más allá de las fronteras del deporte, y a menudo se les considera símbolos vivos del patrimonio cultural japonés.

Más allá del deporte en sí, la lucha de sumo encarna profundos valores como el respeto, el honor y la perseverancia. Cada ceremonia de sumo está impregnada de rituales tradicionales, como el lanzamiento de sal para purificar el ring o las respetuosas reverencias antes y después de los combates. Estas prácticas recuerdan que el sumo no es sólo un deporte, sino una forma de arte marcial impregnada de espiritualidad y tradición. Ser luchador de sumo es encarnar parte del alma de Japón, un papel que estos atletas superestrellas se toman a pecho con orgullo y dedicación.

Hecho 16 - Japón tiene trenes de dos pisos

En Japón, los trenes no sólo son rápidos y puntuales, sino que también están ingeniosamente diseñados para transportar a un gran número de pasajeros. Los trenes de dos pisos, conocidos como E4 o Max, son un ejemplo perfecto de esta eficiente ingeniería. Estos trenes de gran capacidad circulan principalmente por las líneas Shinkansen, donde pueden transportar unos 1.600 pasajeros por viaje, mucho más que los trenes de un solo piso. Hecho que los convierte en uno de los medios de transporte público más eficientes del mundo, especialmente en horas punta.

Los trenes de dos pisos se introdujeron para satisfacer la creciente demanda de transporte, sobre todo entre Tokio y otras grandes ciudades como Osaka y Nagoya. Con una alta densidad de población y muchos viajeros, era esencial aumentar la capacidad sin alargar los trenes. Añadiendo un piso más, los ingenieros pudieron maximizar el espacio manteniendo la velocidad y eficacia características de los trenes japoneses.

La experiencia de viajar en un tren de dos pisos es única. En el piso superior se puede disfrutar de vistas panorámicas de los paisajes urbanos y rurales que pasan a través de las amplias ventanas. Los asientos son cómodos y el espacio está bien distribuido para que los pasajeros viajen en buenas condiciones, incluso en los trayectos más ajetreados. Los vagones suelen dividirse en secciones reservadas y no reservadas, lo que permite a los pasajeros optar por una mayor comodidad o flexibilidad según sus necesidades.

Estos trenes de dos pisos son también un ejemplo de cómo Japón consigue integrar innovación y tradición. Además de transportar a las masas de pasajeros, forman parte de la experiencia cultural del transporte en Japón, donde a menudo se prefieren los viajes en tren a los vuelos nacionales por su rapidez y comodidad. Incluso en los trayectos de varias horas, los pasajeros pueden disfrutar de comidas a bordo, espacio para el equipaje e incluso aseos de alta tecnología, lo que proporciona un confort óptimo durante todo el viaje.

La presencia de estos trenes de dos pisos ilustra el compromiso de Japón con el desarrollo de soluciones de transporte público que satisfagan las necesidades de su población respetando al mismo tiempo el medio ambiente. Al favorecer un transporte público capaz de desplazar a un gran número de personas de forma eficiente, Japón sigue demostrando su capacidad para combinar innovación y pragmatismo. Ya sea para desplazarse diariamente al trabajo o para hacer turismo, subir a uno de estos trenes de dos pisos es una experiencia en sí misma y un testimonio de la excelencia de las infraestructuras japonesas.

Hecho 17 - Los festivales de farolillos iluminan la noche

En Japón, los festivales de farolillos son acontecimientos mágicos que iluminan la noche y reúnen a comunidades enteras en un ambiente de celebración y belleza. Estos festivales, conocidos como "matsuri", se celebran durante todo el año y son especialmente populares en verano y otoño. Durante estos eventos, se encienden miles de farolillos de papel o madera, transformando calles, ríos y parques en encantadores paisajes de luz suave y colorida. Estas linternas, a menudo decoradas a mano, flotan en el agua o se elevan hacia el cielo, creando vistas inolvidables.

Uno de los festivales más famosos es el Toro Nagashi, en el que se colocan linternas en los ríos para honrar a los espíritus de los antepasados. En este conmovedor espectáculo, que suele celebrarse al final del verano, miles de pequeñas luces se deslizan suavemente por el agua, simbolizando el regreso de las almas al otro mundo. Cada linterna es única y lleva mensajes u oraciones escritas por las familias. Esta tradición, marcada por el respeto y la contemplación, atrae a multitudes que acuden a recordar y celebrar a sus seres queridos difuntos en un entorno sereno.

El festival de linternas de papel de Aomori, el Nebuta Matsuri, es otro espectacular ejemplo de la creatividad japonesa. Durante este festival, gigantescas linternas con forma de guerreros, animales míticos y figuras históricas desfilan por las calles, acompañadas de animados bailarines y músicos. Las linternas se iluminan desde dentro, revelando impresionantes detalles artísticos que brillan en la noche. Este acontecimiento atrae cada año a millones de visitantes, fascinados por la energía y la belleza de los desfiles.

Los festivales de farolillos no se limitan a las grandes ciudades. En las pequeñas ciudades y pueblos, la gente también organiza sus propias celebraciones, a menudo en torno a templos o santuarios. Las linternas sirven para guiar a los dioses y espíritus, pero también para crear un espacio de convivencia entre vecinos. Estas fiestas son una oportunidad para que las comunidades se reúnan, compartan comidas tradicionales y participen en bailes y cantos, todo ello bañado por la suave luz de las linternas.

Estas festividades son mucho más que espectáculos de luces. Reflejan las tradiciones japonesas, una profunda conexión con los antepasados y el respeto por la naturaleza y la historia. Las linternas, con su luz parpadeante, simbolizan la esperanza, la paz y la continuidad de la vida. Participar en un festival de farolillos en Japón es sumergirse en una atmósfera encantadora, donde pasado y presente se encuentran en un juego de luces y sombras, celebrando la belleza efímera de la vida bajo la noche estrellada.

Hecho 18 - Las escuelas japonesas tienen uniformes elegantes

En Japón, llevar uniforme escolar es mucho más que una simple obligación: es un verdadero símbolo de identidad estudiantil. Los uniformes japoneses, conocidos como "seifuku", son famosos por su estilo distintivo y elegante. Varían de una escuela a otra, pero en general siguen líneas clásicas inspiradas en la indumentaria militar occidental, con chaquetas entalladas y faldas plisadas para las chicas y pantalones rectos para los chicos. Cada detalle, desde el cuello marinero hasta los botones dorados, está cuidadosamente pensado para reflejar tanto la disciplina como la tradición.

Los uniformes escolares japoneses no sólo son bonitos, sino también prácticos. Diseñados para llevarlos todo el año, suelen estar confeccionados con tejidos transpirables en verano y materiales más gruesos en invierno. Los alumnos visten chaquetas y jerseys según la estación, lo que les permite estar cómodos y mantener un aspecto impecable. Algunos uniformes incluyen incluso accesorios como corbatas, cintas o insignias escolares, que añaden un toque personal a la vez que refuerzan el espíritu de grupo.

La elección del uniforme en las escuelas japonesas tiene también una dimensión cultural y educativa. Al llevar el mismo uniforme, los alumnos aprenden la importancia de la igualdad y la cohesión. Así se reducen las diferencias visibles entre los alumnos, ya sean sociales o económicas, y se fomenta el sentimiento de pertenencia. Los uniformes también sirven como recordatorio de los valores de respeto y orgullo que las escuelas japonesas tratan de inculcar, haciendo hincapié en el comportamiento y la presentación.

Cada mañana, las calles de Japón se llenan de grupos de alumnos uniformados camino de la escuela, una escena típica de la vida cotidiana japonesa. Ya sea en grandes ciudades como Tokio o en zonas rurales, los uniformes aportan un toque de elegancia y orden. Para muchos alumnos, el uniforme se convierte en un símbolo de su trayectoria escolar y de los recuerdos de su infancia. Llevar uniforme por primera vez suele ser un momento decisivo para los jóvenes alumnos, ya que representa un hito importante en su vida educativa.

Los uniformes japoneses también han pasado a formar parte de la cultura popular, aunque no nos detendremos en ese aspecto aquí. Sin embargo, su popularidad se extiende más allá de las fronteras escolares, ya que encarnan una estética única que refleja el respeto por la tradición y la atención al detalle típicos de la cultura japonesa. Para los estudiantes, el uniforme es mucho más que una simple prenda de vestir: es un vínculo con sus compañeros, un signo de su compromiso con la escuela y una parte integral de su identidad cotidiana.

Hecho 19 - Los bentos son comidas muy bien presentadas

En Japón, los bentos son mucho más que una simple comida para llevar. Son verdaderas obras de arte culinarias, cuidadosamente preparadas y presentadas para ofrecer un equilibrio entre sabor, nutrición y estética. Un bento típico se compone de varios platos pequeños, como arroz, verduras encurtidas, pescado o carne, dispuestos armoniosamente en una caja compartimentada. El objetivo es crear una comida que no sólo sea sabrosa, sino también visualmente atractiva, convirtiendo cada almuerzo en una experiencia placentera.

El arte de preparar un bento se basa en los principios de variedad y color. El objetivo es incluir un arco iris de ingredientes, desde los verdes de las verduras y los rojos de los tomates hasta los amarillos de los huevos y los marrones de las carnes a la parrilla. Cada ingrediente se corta y dispone cuidadosamente para que los colores se complementen, creando un conjunto armonioso. Las madres japonesas suelen dedicar tiempo a preparar bentos para sus hijos, cortando las verduras en formas divertidas o modelando el arroz en pequeños personajes, lo que hace la comida aún más apetitosa.

Los bentos también son muy populares entre los adultos, especialmente trabajadores y estudiantes. Konbini, las tiendas de 24 horas, ofrecen una amplia variedad de bentos listos para comer, cada uno con ingredientes cuidadosamente seleccionados y dispuestos. Ya sea un bento de pescado a la plancha, tempura o pollo teriyaki, cada caja ofrece una comida completa y equilibrada, ideal para un descanso rápido y sabroso. Esta comodidad y variedad hacen del bento una opción de comida popular y accesible para todos.

Los bentos no se limitan al hogar o a las tiendas; también son omnipresentes en estaciones y trenes, en forma de "ekiben", bentos especiales que se venden en las estaciones de ferrocarril. Cada región de Japón ofrece sus propias versiones, con ingredientes locales y especialidades regionales. Viajar en tren por Japón con un ekiben en la mano es una experiencia en sí misma, que permite a los pasajeros degustar la diversidad culinaria del país mientras admiran el paisaje.

La presentación de los bentos ilustra la atención al detalle y la importancia de la estética en la cultura japonesa. Cada caja es un ejemplo de cómo los japoneses buscan hacer placenteros y bellos incluso los aspectos más sencillos de la vida cotidiana. Ya sea para alimentar, deleitar o sorprender, los bentos son un símbolo del arte de vivir japonés, que combina el placer de comer con un toque de creatividad y cuidado.

Hecho 20 - Los niños participan en la limpieza de escuelas

En Japón, los niños no sólo van a la escuela a aprender; también participan activamente en el mantenimiento del centro. Todos los días, los alumnos dedican tiempo a limpiar las aulas, los pasillos e incluso los aseos de la escuela. Este ritual, conocido como "souji", está profundamente arraigado en el sistema educativo japonés y pretende inculcar a los niños valores como el respeto por los espacios comunes, la responsabilidad y el trabajo en equipo. No es sólo una tarea, sino una lección de vida que tiene lugar fuera de las aulas.

Los alumnos forman pequeños equipos y se les asignan tareas específicas, como barrer, fregar o limpiar los pupitres. Cada día cambian de tarea para que todos participen en todos los aspectos de la limpieza. En lugar de limitarse a supervisar, los profesores suelen participar en la limpieza, dando ejemplo y subrayando la importancia del esfuerzo colectivo. También es una oportunidad para que los alumnos desarrollen habilidades prácticas al tiempo que contribuyen a crear un entorno limpio y agradable.

La limpieza escolar no se limita a las aulas. Los alumnos también se ocupan de las zonas exteriores, como patios y jardines, donde rastrillan las hojas y cuidan las plantas. Estas actividades les hacen comprender mejor la importancia de cuidar su entorno y respetar la naturaleza. Además, les da un sentimiento de pertenencia y orgullo por su escuela, al ver los resultados tangibles de sus esfuerzos.

Esta práctica puede resultar sorprendente, ya que en muchos países este tipo de trabajo suele reservarse al personal de limpieza. Sin embargo, en Japón, la idea detrás de esta tradición es desarrollar en los niños una actitud positiva hacia el trabajo y una mayor conciencia del valor de cada tarea, incluso de las más humildes. Al limpiar sus propios espacios vitales y de aprendizaje, los alumnos aprenden a apreciar el esfuerzo y el cuidado necesarios para mantener un entorno sano y ordenado.

Participar en la limpieza de colegios también ayuda a forjar el carácter de los niños. Aprenden a trabajar juntos, a comunicarse eficazmente y a resolver problemas prácticos. Estas experiencias les preparan para convertirse en ciudadanos responsables y atentos a las necesidades de la comunidad. El souji es parte integrante de la educación en Japón y, aunque a algunos les pueda parecer inusual, refleja perfectamente los valores de disciplina, respeto y cooperación que están en el corazón de la cultura japonesa.

Hecho 21 - Los cerezos simbolizan la belleza efímera

En Japón, los cerezos en flor, o sakura, no sólo son admirados por su belleza, sino que también encierran un profundo significado ligado a la naturaleza efímera de la vida. Cada primavera, los cerezos estallan en una explosión de flores rosas y blancas que duran sólo unos días antes de caer suavemente al suelo. Este breve pero espectacular fenómeno se ha convertido en un poderoso símbolo de la impermanencia, que nos recuerda que la belleza, como la vida, es frágil y transitoria.

Los japoneses celebran este periodo con el hanami, una tradición que consiste en ir de picnic bajo los cerezos en flor para disfrutar de su esplendor rodeados de familiares y amigos. Durante estas reuniones, la gente contempla la suave caída de los pétalos, creando una atmósfera casi mágica. Es un momento para reflexionar sobre la fugacidad de la felicidad y la importancia de saborear cada instante, porque todo, incluso lo más bello, está destinado a cambiar y desaparecer.

Los cerezos también aparecen en muchas obras literarias, poéticas y filosóficas japonesas. Los samuráis, por ejemplo, veían en los cerezos en flor un reflejo de sus propias vidas: cortas, pero marcadas por el honor y la belleza. Para ellos, la caída de los pétalos simbolizaba una muerte noble y rápida, a imagen del guerrero que muere en el campo de batalla. Esta metáfora ha permanecido profundamente arraigada en la cultura japonesa, enriqueciendo aún más el significado del sakura.

En la vida cotidiana, los cerezos también recuerdan a los japoneses la belleza del ciclo de las estaciones y la constante renovación de la naturaleza. Cuando florecen, es señal de que el invierno ha terminado y ha llegado la primavera, que trae consigo la promesa de nuevos comienzos. Los sakura son un símbolo de renovación, y su floración se espera con impaciencia cada año, marcando el comienzo de un nuevo periodo lleno de posibilidades.

El impacto de los cerezos va más allá del mero placer visual: incitan a meditar sobre la naturaleza de la vida misma. Admirar los árboles sakura nos recuerda que la belleza no reside sólo en la permanencia, sino también en la brevedad de los momentos preciosos. Esta reflexión sobre la belleza efímera de las cosas está profundamente arraigada en la cultura japonesa y sigue influyendo en la forma en que las personas perciben el mundo que les rodea, animándolas a vivir cada momento al máximo.

Hecho 22 - Los jardines zen son lugares de calma

Los jardines zen, o "karesansui", son espacios para la meditación y la serenidad, diseñados para ofrecer un refugio tranquilo de la vida cotidiana. Estos jardines suelen asociarse a los templos budistas zen de Japón, donde los monjes los utilizan como herramientas para la contemplación y la meditación. A diferencia de los jardines tradicionales llenos de plantas y flores, los jardines zen suelen estar compuestos de arena blanca, rocas y musgo. Cada elemento se coloca cuidadosamente para simbolizar paisajes naturales como montañas, islas y ríos, creando un espacio tranquilo para la reflexión.

Uno de los jardines zen más famosos de Japón es el del templo Ryoan-ji de Kioto. Este jardín es un ejemplo perfecto de la sencillez y la belleza pura de los jardines zen. Consta de quince rocas colocadas sobre un lecho de grava blanca, que los monjes rastrillan a diario para crear patrones que recuerdan las olas de un océano en calma. Este ritual de rastrillado es en sí mismo una forma de meditación, ya que cada pasada del rastrillo aporta un poco más de paz interior. Los visitantes pueden sentarse en una terraza de madera, contemplar el jardín y perderse en la tranquilidad que desprende.

Los jardines zen están diseñados para invitar a la contemplación y la meditación silenciosa. La ausencia de colores brillantes y distracciones permite a los visitantes centrarse en lo esencial y alcanzar un estado de profunda calma. Al observar la disposición de las rocas y los patrones trazados en la arena, se anima a los visitantes a despejar su mente de las preocupaciones cotidianas y a reconectar consigo mismos. Las líneas rectas y las suaves curvas crean un equilibrio visual que calma la mente e invita a la reflexión.

Estos jardines no son sólo obras de arte, sino también símbolos de la impermanencia y la simplicidad, conceptos centrales del budismo zen. Cada elemento del jardín tiene un significado: las rocas pueden representar montañas o tortugas, y la arena simboliza el agua que fluye. Los espacios vacíos son tan importantes como los propios elementos, ya que proporcionan un lugar para respirar y relajarse. Esta filosofía del espacio vacío, conocida como "ma", enseña que el vacío es tan valioso como la plenitud, una idea que resuena profundamente en la cultura japonesa.

Los jardines zen siguen atrayendo a visitantes de todo el mundo, en busca de un escape del ajetreo y el bullicio de la vida moderna. Son un recordatorio de que, incluso en un mundo en perpetuo movimiento, es posible encontrar momentos de calma y contemplación. Tanto si se es un practicante del Zen como un simple visitante curioso, sentarse frente a un jardín Zen es entrar en un espacio donde el tiempo parece detenerse, ofreciendo un precioso descanso para la mente y el cuerpo.

Hecho 23 - Japón utiliza tres sistemas de escritura

Japón es único en el sentido de que no utiliza uno, sino tres sistemas de escritura diferentes: kanji, hiragana y katakana. Cada uno de estos sistemas tiene su propia función y uso en la lengua japonesa, lo que hace que la escritura japonesa sea tan fascinante como compleja. Los kanji, originarios de China, son caracteres logográficos que representan palabras o ideas completas. Suelen utilizarse para sustantivos, verbos y conceptos importantes. Los kanji son a veces complicados, con numerosos trazos y múltiples significados.

El hiragana, por su parte, es un silabario utilizado principalmente para palabras de origen japonés y partículas gramaticales. Cada carácter hiragana representa una sílaba, y suelen utilizarse para completar los kanji en las frases. Por ejemplo, el verbo "comer" puede escribirse en kanji, pero se añadirá hiragana para indicar el tiempo o la forma gramatical. El hiragana también se utiliza en libros infantiles y para principiantes, ya que es más fácil de leer y escribir que el kanji.

El tercer sistema, el katakana, también es un silabario, pero se utiliza para palabras de origen extranjero, nombres de animales y para enfatizar ciertas palabras, un poco como la cursiva en francés. El katakana tiene líneas rectas y angulosas, que lo distinguen visualmente del hiragana, más redondeado. Por ejemplo, la palabra "ordenador" se dice "konpyūtā" en japonés y se escribe en katakana. Este sistema permite al japonés integrar fácilmente palabras extranjeras en su vocabulario respetando la estructura silábica de la lengua.

Estos tres sistemas se utilizan a menudo juntos en la misma frase, lo que puede parecer confuso al principio, pero cada sistema desempeña un papel específico que ayuda a aclarar el significado. Por ejemplo, una frase puede contener kanji para las palabras principales, hiragana para las partículas y la gramática, y katakana para una palabra prestada de otro idioma. Esta combinación permite una gran flexibilidad y riqueza en la expresión escrita, al tiempo que mantiene una comunicación eficaz.

El aprendizaje de estos tres sistemas de escritura es una parte esencial de la educación en Japón. Desde pequeños, los niños empiezan a memorizar el hiragana y el katakana, y luego aprenden gradualmente el kanji. Esta diversidad de escritura refleja la rica historia de Japón y su apertura a diferentes influencias culturales. Aunque esto pueda parecer un reto para los que aprenden japonés, es también lo que hace que el idioma sea tan único y emocionante de descubrir.

Hecho 24 - La caligrafía japonesa es un arte delicado

La caligrafía japonesa, conocida como "shodō", es mucho más que una forma de escribir. Es un arte delicado y refinado que expresa belleza y emoción a través del movimiento del pincel y la tinta negra sobre papel blanco. Practicada durante siglos, la caligrafía está profundamente arraigada en la cultura japonesa y a menudo se considera una forma de meditación en acción. Cada trazo debe ejecutarse con precisión y fluidez, transformando los caracteres en verdaderas obras de arte.

El arte de la caligrafía japonesa se basa en unos pocos elementos esenciales: el pincel, la tinta, el papel de arroz y la piedra de tinta. La tinta se prepara frotando una barra de tinta sobre la piedra húmeda, un gesto repetitivo que calma la mente incluso antes de que el pincel toque el papel. La elección de los caracteres y la forma de escribirlos reflejan el estado de ánimo del artista en ese preciso momento. Una sola pincelada perdida puede cambiar por completo el significado o la belleza de una obra, por eso cada movimiento se piensa y ejecuta cuidadosamente.

La caligrafía japonesa no sólo la practican los artistas, sino que también se enseña en las escuelas desde una edad temprana. Los niños aprenden a dominar los trazos básicos y comprenden la disciplina necesaria para crear caracteres armoniosos. Los alumnos practican repitiendo los mismos trazos una y otra vez hasta alcanzar la perfección, una práctica que les ayuda a desarrollar la paciencia, la concentración y el respeto por la tradición. Este aprendizaje no se limita a la estética; también inculca valores importantes, como el autocontrol y la atención a los detalles.

Algunas obras de caligrafía son muy famosas en Japón y se conservan como tesoros nacionales. Pueden exhibirse en templos, casas de té o en exposiciones especiales. Los caracteres se consideran no sólo símbolos lingüísticos, sino expresiones del alma del artista. El estilo de cada calígrafo es único, refleja su personalidad, su estado de ánimo e incluso las sutilezas de su respiración en el momento de la creación. La aparente sencillez de las líneas contrasta con la profundidad de las emociones que pueden transmitir.

La práctica del shodō va más allá de la escritura; es un camino hacia el equilibrio interior. Concentrándose plenamente en cada trazo, el artista busca alcanzar un estado de calma y claridad, en el que mente y cuerpo trabajen en armonía. Para los japoneses, este delicado arte es una forma de celebrar la belleza del lenguaje y de la vida misma, donde cada gesto cuenta y siempre se busca la perfección, pero nunca se alcanza realmente. La caligrafía japonesa es, por tanto, tanto un arte como un viaje personal, una búsqueda interminable de la belleza y la paz interior.

Hecho 25 - Los baños públicos son muy populares

Los baños públicos, o "sento", son una tradición muy arraigada en la cultura japonesa y siguen desempeñando un papel importante en la vida cotidiana de muchas personas. Estos establecimientos, repartidos por todo el país, ofrecen a los visitantes la posibilidad de relajarse y reponer fuerzas en baños calientes. A diferencia de los baños privados, los sento son espacios comunitarios donde la gente se lava a conciencia antes de sumergirse en grandes bañeras comunes. La experiencia va mucho más allá de la higiene: se considera un momento de relajación, meditación y conexión social.

Los sento se diferencian de los onsen, que son fuentes termales naturales, en que utilizan agua calentada artificialmente. Históricamente, los sento se originaron en zonas urbanas donde las casas carecían de baños privados. Se convirtieron en lugares de reunión para los residentes locales, creando un espacio donde la gente no sólo podía lavarse, sino también socializar y relacionarse. Esta función social del sento sigue muy viva hoy en día, a pesar de la modernización de las viviendas y la aparición de cuartos de baño privados en la mayoría de los hogares.

Los baños públicos japoneses no son simples lugares para lavarse; a menudo están elaboradamente decorados, con murales de paisajes, montañas o escenas marinas que añaden una dimensión estética a la experiencia. Uno de los motivos más comunes es el monte Fuji, pintado en azul brillante en las paredes de los sento, que inspira calma y majestuosidad a los bañistas. Estos elementos visuales contribuyen a la relajante atmósfera del lugar y refuerzan la sensación de plenitud que proporciona el baño.

La visita a un sento sigue un ritual preciso: tras desvestirse en el guardarropa, uno se lava a fondo en una zona dedicada a ello con duchas y cubos antes de sumergirse en el baño caliente. Este ritual de limpieza es esencial y refleja la importancia que se concede a la limpieza en Japón. El agua caliente de los baños ayuda a relajar los músculos cansados, mejorar la circulación sanguínea y calmar la mente. Es una auténtica pausa en el ajetreado ritmo de la vida cotidiana, que permite regenerarse, aunque sólo sea por un rato.

A pesar de los cambios en el estilo de vida, los baños públicos siguen atrayendo a personas de todas las edades. Para los japoneses, el sento no es sólo un lugar para relajarse, sino también para estrechar lazos con los demás y participar en una tradición milenaria. Para los visitantes extranjeros, una visita a un sento es una experiencia auténtica que revela un aspecto esencial de la cultura japonesa, donde el bienestar personal y la comunidad se unen en la relajante sencillez de un baño caliente.

Hecho 26 - Los japoneses siempre se quitan los zapatos

En Japón es costumbre descalzarse al entrar en una casa, una tradición muy arraigada en la cultura nipona. El objetivo de esta práctica es mantener limpio el interior y evitar arrastrar suciedad e impurezas del exterior al interior de la vivienda. Nada más entrar en la casa, hay un espacio llamado "genkan", donde uno se quita los zapatos antes de pasar a la parte principal de la casa. Este sencillo gesto es algo más que una cuestión de limpieza: refleja un valor de respeto y cuidado hacia los demás y el ambiente interior.

El genkan suele colocarse un poco más bajo que el resto de la casa, acentuando la transición entre el exterior y el interior. Los zapatos se dejan bien guardados, normalmente apuntando hacia la salida, y se ponen unas zapatillas de interior llamadas "surippa". En determinadas situaciones, como en las habitaciones con esteras de tatami, estas zapatillas se quitan incluso para caminar directamente sobre las esteras de paja. Esto demuestra la importancia que se concede a la limpieza y a la conservación de superficies delicadas como los tatamis, que son a la vez funcionales y simbólicas.

Este hábito no se limita al hogar: en las escuelas, los templos, algunos restaurantes tradicionales e incluso algunas oficinas, también es costumbre descalzarse. En las escuelas japonesas, por ejemplo, alumnos y profesores dejan los zapatos en las taquillas y se calzan zapatillas especiales dentro. Esto crea un ambiente más limpio y cómodo para todos. También refuerza el sentido de pertenencia y el respeto por los espacios compartidos, y ayuda a mantener un alto nivel de higiene.

Los orígenes de esta tradición se remontan a la época en que las casas japonesas se construían con suelos de tatami, que se estropean fácilmente con la suciedad y la humedad. Quitarse los zapatos ayudaba a conservar estos preciosos suelos y a mantener un ambiente interior agradable. Incluso hoy, cuando muchas casas modernas utilizan materiales más resistentes, la tradición persiste, ilustrando la continuidad de las prácticas culturales a través de las generaciones.

Para los japoneses, este gesto cotidiano es natural y respetado por todos, y forma parte integrante de su modo de vida. Para los visitantes extranjeros, puede resultar sorprendente al principio, pero pronto se convierte en un hábito que subraya la importancia del respeto por el espacio común y la limpieza en la cultura japonesa. Esta atención al detalle, incluso en gestos tan simples como quitarse los zapatos, refleja la forma en que los japoneses integran el respeto y la consideración en todos los aspectos de su vida cotidiana.

Hecho 27 - Los maneki-neko traen buena suerte y fortuna

Maneki-neko, literalmente "gatos que invitan", son pequeñas estatuas de gatos, reconocibles por sus patas levantadas, que se ven a menudo en fachadas de tiendas, restaurantes y hogares de Japón. Estas encantadoras estatuillas son mucho más que meros adornos; se las considera amuletos de la buena suerte, que supuestamente atraen suerte, fortuna y prosperidad a quienes las poseen. El maneki-neko se representa a menudo con una pata levantada, aparentemente invitando a entrar cosas buenas, un gesto que muchos asocian con un signo de bienvenida y prosperidad.

Los orígenes de los maneki-neko se remontan al periodo Edo, y hay muchas leyendas en torno a su creación. Una de las más populares habla de un señor visitante que fue salvado de una tormenta por un gato que le invitó a entrar en un templo levantando la pata. En agradecimiento, el señor donó riquezas al templo, salvándolo de la ruina. Desde entonces, el gato con la pata levantada se ha convertido en un símbolo de protección y buena suerte. Cada color y posición de la pata tiene su propio significado: por ejemplo, un maneki-neko blanco simboliza la pureza, mientras que uno rojo se cree que aleja a los malos espíritus.

Los maneki-neko no son sólo objetos de superstición; también reflejan una parte de la cultura japonesa que valora los símbolos de protección y prosperidad. Suelen colocarse en los negocios para atraer clientes y aumentar las ventas. En algunos casos, los maneki-neko sostienen objetos de la suerte en sus patas, como una antigua moneda llamada koban, símbolo de riqueza y éxito financiero. Este gato, con su aire benévolo y su gesto acogedor, se convierte así en un guardián silencioso de la buena fortuna.

Los maneki-neko están hechos de diversos materiales, desde cerámica hasta porcelana, y los hay de diferentes tamaños y estilos. Algunos incluso tienen mecanismos para que la pata se mueva continuamente, reforzando la idea de una llamada constante a la suerte y la prosperidad. Estos pequeños gatos suelen regalarse en ocasiones especiales, como inauguraciones de tiendas o empresas, para desear éxito y buena fortuna a quienes los reciben.

Hoy en día, los maneki-neko son conocidos mucho más allá de las fronteras de Japón y apreciados en todo el mundo por su aspecto amistoso y su simbolismo positivo. Encarnan la esperanza de un futuro mejor y la aspiración a una vida próspera. Contemplar un maneki-neko es una invitación a creer en la posibilidad de atraer cosas buenas a través de gestos sencillos, y a apreciar la belleza de las pequeñas tradiciones que resisten el paso del tiempo y siguen dando sentido a la vida cotidiana.

Hecho 28 - Los sumos comen chanko-nabe para crecer

Los luchadores de sumo, con su imponente estatura y notable fuerza, siguen una dieta muy específica para alcanzar su impresionante altura y peso. En el centro de esta dieta está el chanko-nabe, un nutritivo guiso que es un pilar de la dieta del sumo. Este plato a base de caldo contiene una variedad de ingredientes como carne, pescado, verduras y tofu. El chanko-nabe es rico en proteínas y calorías, y proporciona la energía necesaria para el intenso entrenamiento diario de los luchadores de sumo.

Este plato suele prepararse en grandes cantidades en las "heya", los establos donde viven y entrenan los luchadores de sumo. Los luchadores de sumo comen chanko-nabe en grandes porciones, acompañado de grandes cantidades de arroz, para aumentar su ingesta de calorías. Tradicionalmente, este plato se comparte en grupo, creando un momento de convivencia y hermandad entre los luchadores. Los luchadores más veteranos suelen preparar el chanko-nabe para los más jóvenes, perpetuando una tradición culinaria que desempeña un papel esencial en la vida de los luchadores de sumo.

El chanko-nabe no es sólo un plato; también está diseñado para satisfacer las necesidades específicas de los luchadores. La receta varía de un establo a otro y de una estación a otra, pero siempre se centra en el equilibrio nutricional. En invierno, suelen añadirse ingredientes que calientan, como pollo o pescado, mientras que en verano abundan las verduras frescas para añadir ligereza al plato. Cada establo puede tener su propia versión del chanko-nabe, y las recetas suelen mantenerse en secreto, lo que añade un elemento de competición incluso en la cocina.

Una comida chanko-nabe suele ir seguida de una siesta, una estrategia utilizada por los luchadores de sumo para maximizar el aumento de peso. Después de consumir una gran cantidad de alimentos, los luchadores descansan para permitir que sus cuerpos los digieran correctamente y almacenen la energía en forma de masa corporal. Esta combinación de nutrición densa y descanso es parte integrante de la estrategia de aumento de peso de los luchadores de sumo, que deben mantener un delicado equilibrio entre fuerza muscular y masa corporal.

Para muchos luchadores de sumo, el chanko-nabe sigue siendo un recuerdo reconfortante incluso después de su carrera. Algunos ex luchadores abren restaurantes especializados en chanko-nabe, compartiendo con el público una parte de su vida cotidiana. El plato es apreciado por su rico sabor y su capacidad para reunir a la gente en torno a la mesa, perpetuando el espíritu de camaradería y tradición que caracteriza al mundo del sumo. Para los interesados en descubrir una parte de la vida de los luchadores, probar el chanko-nabe es una sabrosa forma de conectar con esta fascinante cultura.

Hecho 30 - Las casas tradicionales tienen tatamis en el suelo

Las casas tradicionales japonesas se reconocen por sus suelos cubiertos de tatami, esteras tejidas de paja de arroz que añaden un toque único de confort y calidez. Los tatamis no son sólo revestimientos para el suelo, sino que forman parte integral de la cultura japonesa e incluso influyen en la forma de distribuir y utilizar las habitaciones. Ofrecen una superficie suave y ligeramente elástica, ideal para sentarse, tumbarse o caminar descalzo, al tiempo que mantienen un ambiente tranquilo y natural en el hogar.

Los tatamis suelen medir unos 90 cm de ancho y 180 cm de largo, pero su tamaño puede variar ligeramente de una región a otra. Las habitaciones de las casas japonesas se miden a menudo por el número de tatamis que pueden albergar, un aspecto que ilustra la importancia de estas alfombras en el diseño arquitectónico. Tradicionalmente, los tatamis se adornan con telas negras o sencillamente estampadas, añadiendo un toque elegante y discreto a los interiores. Su disposición geométrica y ordenada crea una armonía visual muy agradable a la vista.

Estas esteras de paja no sólo son estéticamente agradables, sino que también desempeñan un papel importante en la regulación de la humedad en el interior de las viviendas. Gracias a su composición natural, las esteras de tatami pueden absorber la humedad cuando el aire es demasiado húmedo y liberarla cuando el aire es seco, ayudando a mantener un ambiente interior agradable. Es un ejemplo perfecto de cómo los materiales naturales se utilizan en las casas tradicionales japonesas para crear espacios de vida confortables y saludables.

El tatami no es sólo un elemento funcional; también influye en el modo de vida japonés. En una habitación con tatami, la gente se quita los zapatos y suele sentarse directamente en el suelo, ya sea para comer sobre una mesita, dormir en un futón o practicar la meditación. Este contacto directo con el suelo fomenta la cercanía a la naturaleza y la sencillez en el estilo de vida, valores muy apreciados en la cultura japonesa. Los tatamis son el símbolo de una vuelta a lo esencial, lejos de extravagancias.

A pesar de la evolución hacia estilos de vida más modernos, los tatamis siguen estando presentes en muchos hogares, hoteles tradicionales y templos de todo Japón. Son un recordatorio constante de las raíces culturales y la armonía con la naturaleza que tanto aprecian los japoneses. Para los visitantes, pisar un tatami por primera vez es una experiencia sensorial que les permite sentir un poco del alma japonesa, donde cada paso es una conexión con siglos de tradición y artesanía.

Hecho 31 - Japón es conocido como el País del Sol Naciente

Japón es conocido en todo el mundo como el "País del Sol Naciente". Este poético nombre tiene su origen en la forma en que Japón se ve a sí mismo en relación con su posición geográfica y cultural. En japonés, el nombre del país es "Nihon" o "Nippon", que literalmente significa "origen del sol". Este nombre proviene de la idea de que Japón es el primer país que ve salir el sol por el este, lo que lo convierte en el comienzo del nuevo día para el mundo.

El origen de este apodo se remonta a la antigüedad, cuando comenzó a desarrollarse el comercio entre China y Japón. Los chinos, situados al oeste de Japón, veían a este último como la tierra donde salía el sol. El emperador de Japón, deseoso de subrayar su independencia y la posición única de su país, adoptó esta imagen simbólica para designar a su reino. Así fue como Japón pasó a ser conocido como el "País del Sol Naciente", una imagen que evoca no sólo su geografía, sino también su rica y radiante cultura.

La bandera nacional de Japón, llamada "Nisshōki" o más comúnmente "Hinomaru", refleja esta misma idea con su círculo rojo que representa el sol sobre fondo blanco. Esta bandera es un poderoso símbolo de la nación japonesa y se utiliza en muchas ceremonias y eventos. El rojo del sol en la bandera recuerda esta asociación con la luz y la iluminación, reforzando la idea de Japón como tierra de luz y promesa, fiel a su apodo.

Esta metáfora del sol naciente también está presente en muchos aspectos de la cultura japonesa, desde poemas y obras de arte hasta filosofías y rituales cotidianos. El sol suele considerarse un símbolo de renovación, fuerza y energía positiva. Desempeña un papel central en las ceremonias tradicionales, como la de Nochevieja, donde la salida del sol se considera un momento propicio para recibir las bendiciones del cielo y los dioses para el año venidero.

Para los japoneses, el apodo de "Tierra del Sol Naciente" es mucho más que un nombre: es parte integrante de su identidad nacional. Evoca un profundo sentimiento de orgullo y conexión con las fuerzas naturales, además de simbolizar el optimismo y la esperanza de un nuevo día. Ya sea contemplando el amanecer desde la cima del monte Fuji o admirando los primeros rayos que iluminan los cerezos en flor, este vínculo entre Japón y el sol naciente sigue siendo una fuente de inspiración y respeto en la vida cotidiana.

Hecho 32 - Los sakura marcan el comienzo de la primavera

En Japón, el sakura, o cerezo en flor, es el símbolo por excelencia de la primavera. Cada año, al final del invierno, todo el país espera con impaciencia la llegada de esta espectacular flor. Las primeras flores suelen aparecer en las regiones más meridionales, como Okinawa, y poco a poco van abriéndose camino hacia el norte, hasta llegar a Tokio y Kioto hacia finales de marzo o principios de abril. Este fenómeno, conocido como el "frente de los cerezos en flor", es seguido de cerca por los japoneses y los medios de comunicación, que informan a diario sobre el avance de los sakura por todo el país.

La floración del sakura sólo dura unos días, pero es un momento de celebración y contemplación. Los japoneses practican el "hanami", que literalmente significa "mirar las flores", una tradición que consiste en ir de picnic bajo los cerezos en flor con la familia, los amigos o los compañeros de trabajo. Durante estas reuniones, la gente admira la belleza de los pétalos rosas y blancos mientras caen suavemente, creando una atmósfera mágica y efímera. El Hanami es un momento para compartir y reconectar con la naturaleza, celebrando la fugaz belleza de la vida.

Los sakura no son sólo árboles en flor; están profundamente arraigados en la cultura japonesa y simbolizan la impermanencia y fragilidad de la vida. Los pétalos que caen al suelo se comparan a menudo con la vida humana, que es breve pero hermosa. Esta asociación con lo efímero se refleja en muchos poemas, canciones y obras de arte japonesas, que utilizan el sakura para expresar emociones de nostalgia, alegría y reflexión sobre el paso del tiempo. La flor del cerezo nos recuerda a todos que debemos disfrutar del momento y apreciar los instantes fugaces de felicidad.

Cada región de Japón celebra el sakura a su manera, con festivales, iluminaciones nocturnas y eventos especiales. En Kioto, los parques y templos se adornan con farolillos y luces para resaltar los cerezos por la noche, ofreciendo una vista aún más impresionante de las flores iluminadas contra el cielo oscuro. En Tokio, miles de personas se reúnen en parques como Ueno y Shinjuku Gyoen para disfrutar del espectáculo, creando un ambiente festivo y alegre en toda la ciudad.

Los sakura no sólo marcan el comienzo de la primavera, sino también una renovación espiritual y cultural en Japón. Simbolizan la partida de lo viejo y la bienvenida de lo nuevo, un momento en que la naturaleza despierta y la vida comienza de nuevo con energías renovadas. Para los japoneses, los sakura no son sólo flores, sino un recordatorio anual de la belleza de la naturaleza y del valor de cada momento, por fugaz que sea. Sus delicados pétalos y su breve floración son una invitación a celebrar la vida en todo su fugaz esplendor.

Hecho 33 - Los kimonos se llevan en ocasiones especiales

El kimono, la prenda tradicional japonesa, es uno de los símbolos más emblemáticos de Japón. Aunque ya no se lleva a diario, sigue siendo una elección esencial para ocasiones especiales como bodas, ceremonias del té, festivales y celebraciones de Año Nuevo. Cada detalle del kimono, desde su estampado hasta la forma de anudarlo, refleja la ocasión para la que se lleva, así como el estatus y la elegancia de su portador. El kimono encarna la rica cultura e historia de Japón, y sigue fascinando por su belleza y complejidad.

Los kimonos se confeccionan en seda, algodón o lana, y a menudo presentan delicados motivos inspirados en la naturaleza, como flores, pájaros u olas. Cada motivo tiene un significado particular y se elige en función de la estación o el acontecimiento. Por ejemplo, los kimonos decorados con flores de cerezo son populares en primavera, mientras que los de pino o bambú se llevan en invierno. Esta atención al detalle refleja la profunda conexión entre los japoneses y la naturaleza, así como su deseo de vivir en armonía con las estaciones.

Llevar un kimono requiere una gran habilidad, ya que debe enrollarse y ajustarse con precisión para crear una silueta elegante y grácil. Los kimonos suelen atarse a la cintura con un obi, un cinturón ancho que puede anudarse de diferentes maneras, cada nudo con su propio significado. La complejidad de vestir un kimono hace que muchas personas confíen en profesionales para vestirlos en ocasiones especiales, ya que la más mínima arruga o un ajuste incorrecto podrían alterar el aspecto de la prenda.

Tanto hombres como mujeres visten kimonos, aunque los estilos y colores varían. Los de las mujeres suelen ser más coloridos y ornamentados, mientras que los de los hombres suelen ser más sobrios, con tonos más oscuros como el negro, el azul marino o el gris. Para las ocasiones formales, como las bodas, las mujeres visten suntuosos kimonos llamados "furisode", que se distinguen por sus mangas largas y su brillante decoración. Los hombres, por su parte, suelen llevar kimonos combinados con hakama, pantalones anchos plisados, que dan un aspecto majestuoso y respetuoso.

Vestir un kimono es mucho más que ponerse una prenda: es abrazar una herencia cultural y conectar con las tradiciones milenarias de Japón. Incluso hoy en día, los kimonos se transmiten de generación en generación, conservando recuerdos e historias familiares.

Hecho 34 - Las escuelas japonesas empiezan en abril

En Japón, el curso escolar no empieza en septiembre, como en muchos otros países, sino en abril, cuando los cerezos en flor, o sakura, marcan la llegada de la primavera. Esta elección del calendario está estrechamente ligada al ciclo de la naturaleza y simboliza un nuevo comienzo para los estudiantes. Abril, con sus días cada vez más largos y sus temperaturas suaves, crea una atmósfera ideal para empezar un nuevo año de aprendizaje. Los alumnos, vestidos con sus nuevos uniformes, se reúnen en los patios de la escuela para la ceremonia de entrada, un momento a la vez solemne y festivo.

Esta ceremonia de entrada, llamada "nyūgakushiki", es un acontecimiento importante para los alumnos y sus familias. Los nuevos alumnos, ya sea en su primer año de primaria o al comenzar la secundaria, son recibidos por sus profesores y alumnos mayores. Los discursos de bienvenida, a menudo pronunciados por el director del centro, animan a los recién llegados a dar lo mejor de sí mismos a lo largo del curso escolar. También es un momento para que los alumnos se familiaricen con su nuevo entorno y conozcan a sus compañeros, sentando las bases de un año lleno de éxitos.

El año escolar japonés se divide en tres trimestres, con breves vacaciones en verano, invierno y primavera. Esta organización permite a los estudiantes mantener un ritmo de estudio constante durante todo el año. El primer trimestre, que comienza en abril, suele considerarse el más importante, ya que marca la pauta para el resto del año. Los profesores aprovechan este periodo para establecer expectativas y rutinas, y para ayudar a los alumnos a adaptarse a sus nuevas clases y asignaturas.

El vínculo entre el inicio del curso escolar y la época de floración de los cerezos añade una dimensión emocional y cultural a la experiencia escolar en Japón. Los sakura, con su efímera floración, recuerdan a alumnos y profesores que cada año es precioso y merece ser vivido plenamente. Los parques y las calles bordeadas de cerezos se convierten en lugares de celebración, donde familias y amigos se reúnen para hacer picnics bajo los árboles en flor, reforzando el sentimiento de pertenencia a una comunidad y marcando el paso de una etapa de la vida a otra.

Para los japoneses, empezar la escuela en abril no es sólo una cuestión de calendario, sino una tradición que vincula a cada alumno con la naturaleza y un ciclo de renovación. Este inicio de curso, sincronizado con la primavera, simboliza un nuevo comienzo y una oportunidad para crecer, tanto académica como personalmente.

Hecho 35 - Los japoneses comen con palillos chinos

En Japón, los palillos, o "hashi", son los utensilios preferidos para la mayoría de las comidas. Ya sea para disfrutar de un cuenco de arroz, degustar sushi o incluso tomar fideos, los japoneses utilizan los palillos a diario. Suelen ser de madera, bambú o plástico, y varían en longitud: los palillos para adultos son más largos que los de los niños, e incluso hay palillos especiales para compartir platos. El manejo de los palillos requiere cierta destreza, Hecho que se enseña desde la infancia.

Los palillos japoneses se distinguen por su diseño y funcionalidad. Suelen ser más cortos y afilados que los utilizados en China, lo que facilita agarrar los alimentos con precisión, especialmente pequeñas porciones de pescado o verduras. Los motivos decorativos de los palillos, que van desde simples motivos florales a diseños más sofisticados en laca o nácar, reflejan la riqueza de la artesanía japonesa. Utilizar palillos decorados es una forma de añadir elegancia y placer a cada comida, haciendo que la experiencia gastronómica sea aún más agradable.

El uso de los palillos se rige por normas de decoro que muestran la importancia del respeto y la cortesía en la mesa. Por ejemplo, está mal visto clavar los palillos en un cuenco de arroz, ya que recuerda a los ritos funerarios en los que se ofrece arroz al difunto. También es de mala educación señalar a alguien o algo con los palillos, o pasar la comida de un par de palillos a otro, un gesto reservado a las ceremonias funerarias. Estas normas, aprendidas en la infancia, ilustran la importancia que los japoneses conceden a los buenos modales y al respeto por la tradición.

En las escuelas se enseña a los niños a utilizar los palillos desde pequeños, a menudo mediante actividades divertidas como atrapar canicas o trozos de papel con los palillos. Esta educación culinaria desde una edad temprana ayuda a desarrollar la coordinación y la paciencia, a la vez que transmite aspectos importantes de la cultura japonesa. Comer con palillos se convierte así en una habilidad natural y un signo de respeto por la comida y las personas con las que se comparte la comida.

Los palillos son algo más que una herramienta para comer; encarnan una profunda conexión con las tradiciones y el modo de vida japoneses. Cada gesto realizado con los palillos, desde la elección del alimento hasta la forma de llevarlo a la boca, está marcado por la delicadeza y el respeto. Para los japoneses, comer con palillos no es sólo una necesidad práctica, sino un ritual cotidiano que honra la comida, los antepasados y las costumbres transmitidas a lo largo de los siglos.

Hecho 36 - Los festivales del fuego son impresionantes

Los festivales del fuego, o "hi-matsuri", se cuentan entre los acontecimientos más espectaculares y cautivadores de Japón. Estos festivales celebran el fuego, un elemento considerado purificador y protector en la cultura japonesa. Uno de los más famosos es el Festival del Fuego de Nachi, que se celebra cada año en el santuario Nachi Taisha, cerca de las majestuosas cataratas de Nachi. Durante este festival, enormes antorchas encendidas son portadas por hombres ataviados con trajes tradicionales, iluminando la noche y creando una atmósfera mística e impresionante.

Otro notable festival del fuego es el Kurama no Hi-matsuri, que se celebra en el pueblo de Kurama, cerca de Kioto. Durante este evento, los lugareños llevan grandes antorchas encendidas por las calles, iluminando el camino hacia el templo. El espectáculo de las llamas en la oscuridad, acompañado de los cantos y sonidos de los tambores, transporta a los participantes a otra época, rememorando antiguas creencias y rituales de protección contra los malos espíritus. Los niños también participan, portando antorchas más pequeñas, que simbolizan el paso de las tradiciones de una generación a otra.

Estos festivales no son meras exhibiciones pirotécnicas, sino celebraciones con profundas raíces espirituales. El fuego se asocia a menudo con deidades protectoras, y estas fiestas son una oportunidad para rezar por la seguridad, la prosperidad y la purificación. Se cree que las llamas ahuyentan a los malos espíritus y traen bendiciones de los dioses. Cada gesto, cada movimiento con las antorchas está impregnado de simbolismo, y los participantes siguen rituales precisos para honrar estas tradiciones milenarias.

Los festivales del fuego atraen a grandes multitudes de lugareños y visitantes de todo el mundo, fascinados por la belleza y la intensidad de estas celebraciones. Los espectadores se reúnen a lo largo de las rutas para admirar a los portadores de las antorchas y sentir el calor y la energía que emanan de las llamas. Estos momentos suelen ir acompañados de música, canciones y bailes tradicionales, que crean un ambiente festivo y comunitario. Los festivales del fuego son una oportunidad para reencontrarse con el pasado al tiempo que se celebra el espíritu vivo de la comunidad.

Estos acontecimientos demuestran hasta qué punto se respeta y venera el fuego en la cultura japonesa. También ilustran el modo en que los japoneses preservan y perpetúan sus tradiciones con sincera devoción. Participar o asistir a un festival del fuego es experimentar una parte del alma de Japón, donde los elementos naturales se integran en la vida cotidiana y se celebran por su poder y belleza. Los festivales del fuego no son meros espectáculos, sino testimonios vivos de la resistencia y la pasión de las tradiciones japonesas.

Hecho 37 - Japón es famoso por sus robots

Japón es mundialmente conocido por su liderazgo tecnológico, sobre todo en el campo de la robótica. Los robots se han convertido en parte integrante de la cultura y la vida cotidiana japonesas, desde fábricas automatizadas hasta robots humanoides capaces de interactuar con las personas. Esta pasión por los robots tiene su origen en una visión positiva de la tecnología, vista no como una amenaza, sino como una herramienta para mejorar la vida humana y resolver problemas prácticos. Desde robots industriales a compañeros personales, las máquinas japonesas fascinan por su complejidad y versatilidad.

Uno de los robots más famosos de Japón es Asimo, desarrollado por Honda. Asimo es un robot humanoide diseñado para ayudar en tareas cotidianas, como subir escaleras, servir bebidas o incluso entablar conversaciones sencillas. Este pequeño robot se ha convertido en un icono de la robótica japonesa, demostrando lo amigable y accesible que puede ser la tecnología. Asimo ha realizado demostraciones por todo el mundo, captando la atención con sus fluidos movimientos y su capacidad para interactuar de forma casi humana.

Los robots no se limitan a demostraciones y laboratorios; también desempeñan un papel en la industria. Japón hace un uso extensivo de los robots en la fabricación, donde realizan tareas precisas y repetitivas en plantas de automoción y electrónica. Estos robots ayudan a mejorar la eficiencia y reducir los costes de producción, manteniendo al mismo tiempo una calidad constante. Empresas como Fanuc y Kawasaki Robotics están a la vanguardia de la innovación, produciendo robots industriales que trabajan junto a los humanos para crear productos de alta tecnología.

Fuera de las fábricas, los robots han encontrado su lugar en funciones más sociales. En algunos hoteles y centros comerciales, los robots reciben a los clientes, informan o incluso entretienen. Por ejemplo, el robot Pepper, desarrollado por SoftBank Robotics, está diseñado para reconocer caras y emociones, y puede interactuar con la gente de forma cálida y atractiva. Pepper se utiliza en diversos contextos, desde escuelas a residencias de ancianos, donde ayuda a estimular la interacción y aporta un poco de alegría a la vida de los usuarios.

Esta integración de los robots en la vida japonesa refleja una visión en la que tecnología y humanidad coexisten en armonía. Los robots son vistos como socios y ayudantes, más que como competidores. Simbolizan el compromiso de Japón con la innovación sin dejar de prestar atención a las necesidades humanas.

Hecho 38 - Los templos suelen estar rodeados de naturaleza

Los templos japoneses, ya sean budistas o sintoístas, suelen estar enclavados en el corazón de magníficos paisajes naturales, lo que crea un profundo vínculo entre espiritualidad y naturaleza. Estos santuarios suelen estar rodeados de jardines, bosques, montañas y ríos, lo que contribuye a su atmósfera serena y sagrada. Este entorno natural no es sólo estético; desempeña un papel esencial en la práctica espiritual, proporcionando un espacio de calma y contemplación alejado del ajetreo de la vida cotidiana. Los visitantes pueden experimentar una conexión más profunda con la naturaleza mientras meditan.

Un ejemplo emblemático es el templo Kinkaku-ji de Kioto, también conocido como el Pabellón Dorado. Este templo, cubierto de pan de oro, se refleja magníficamente en el lago que lo rodea, enmarcado a su vez por jardines perfectamente cuidados y frondosos árboles verdes. La belleza del Pabellón Dorado reside no sólo en su arquitectura, sino también en su armoniosa interacción con el entorno. Los jardines están diseñados para imitar paisajes naturales en miniatura, y cada elemento, desde la roca hasta la cascada, está colocado intencionadamente para fomentar la meditación y la paz interior.

La naturaleza que rodea los templos suele conservarse cuidadosamente para mantener el equilibrio ecológico. Árboles centenarios, espeso musgo y arroyos cristalinos son símbolos de longevidad y pureza. En el Santuario Meiji de Tokio, por ejemplo, un vasto bosque fue plantado deliberadamente por voluntarios en honor del Emperador Meiji y la Emperatriz Shoken. Hoy, el santuario es un remanso de paz en medio de la metrópoli, donde el sonido del canto de los pájaros y el susurro de las hojas permite a los visitantes olvidar el ajetreo de la ciudad circundante.

Los templos y su entorno natural también desempeñan un papel en los rituales y las fiestas religiosas. Elementos naturales como las piedras, el agua y los árboles suelen considerarse sagrados. Por ejemplo, los famosos torii rojos del santuario de Fushimi Inari-taisha, que se extienden por una ladera boscosa, crean un camino espiritual a través de los árboles, simbolizando la transición entre el mundo material y el espiritual. Caminar bajo estos portales, subiendo suavemente hasta la cima, ofrece una experiencia de purificación y renovación.

La presencia de la naturaleza alrededor de los templos refleja la filosofía japonesa, que valora la armonía entre el ser humano y su entorno. Esta estrecha relación con la naturaleza anima a los visitantes a vivir el momento y encontrar una sensación de paz y serenidad.

Hecho 39 - Los torii rojos marcan la entrada a los santuarios

Los torii rojos son los emblemáticos portales que marcan la entrada a los santuarios sintoístas de Japón. Estas estructuras, normalmente pintadas de rojo bermellón, simbolizan la transición entre el mundo profano y el reino sagrado de los kami, las deidades sintoístas. Al pasar bajo un torii, se entra en un espacio dedicado a lo espiritual, dejando atrás las preocupaciones de la vida cotidiana. El rojo brillante de estos portales no es sólo estético; también se supone que aleja a los malos espíritus y purifica a quienes cruzan esta barrera simbólica.

Uno de los ejemplos más impresionantes de torii es el santuario de Fushimi Inari-taisha, en Kioto, donde miles de estos portales rojos se extienden en una larga hilera por una ladera boscosa. Este santuario, dedicado a Inari, la deidad de las cosechas y el comercio, es famoso por sus innumerables torii ofrecidos por donantes, a menudo empresas o particulares que rezan por la prosperidad. Caminar por estos túneles de torii es una experiencia envolvente y hechizante, que simboliza el camino hacia la bendición y el éxito.

Los torii varían en tamaño y estilo, pero todos comparten una estructura simple consistente en dos pilares verticales coronados por dos barras horizontales. Algunos torii son enormes y alcanzan varios metros de altura, mientras que otros son mucho más modestos y se integran discretamente en su entorno natural. El mayor torii de Japón se encuentra en el santuario de Heian, en Kioto, y mide más de 24 metros de altura. Sea cual sea su aspecto, estos portales están diseñados para ser hitos visuales y espirituales que invitan a la reflexión y la reverencia.

La tradición de los torii se remonta a varios siglos atrás y sigue desempeñando un papel central en los rituales y festivales sintoístas. Durante los festivales, los torii suelen decorarse con shimenawa, cuerdas de paja sagradas, y talismanes protectores, reforzando su papel de guardianes de los santuarios. También sirven de punto de partida para procesiones y oraciones, recordando a todos los participantes la importancia del respeto y la pureza al entrar en un espacio sagrado.

Los torii rojos no son sólo estructuras arquitectónicas; son poderosos símbolos de la espiritualidad japonesa y de la interacción entre el hombre y lo divino. Su presencia marca lugares de belleza natural, a menudo enclavados en bosques, junto al agua o en lo alto de las montañas, reflejando la profunda conexión entre los santuarios sintoístas y su entorno. Al cruzar un torii, uno se somete a un ritual sencillo pero significativo, una invitación a dejar a un lado las preocupaciones terrenales y entrar en un mundo donde la naturaleza y lo espiritual se entrelazan armoniosamente.

Hecho 40 - Los jardines de piedra se mantienen con esmero

Los jardines de piedra, o "karesansui", son elementos emblemáticos de la cultura japonesa, que representan paisajes en miniatura donde las piedras simbolizan montañas o islas y la grava rastrillada imita las olas del agua. Estos jardines, que suelen encontrarse en templos budistas zen, están diseñados para la meditación y la contemplación, y ofrecen un espacio para la serenidad y la reflexión. Cada piedra se coloca con una intención precisa, y la grava se rastrilla a diario siguiendo delicados patrones, creando una perfecta armonía de orden y sencillez.

El jardín Ryoan-ji de Kioto es uno de los ejemplos más famosos de este tipo de jardines. Compuesto por quince piedras dispuestas de tal manera que nunca pueden verse todas al mismo tiempo desde ningún punto del jardín, este jardín incita a la meditación sobre la perspectiva y lo incompleto. Los patrones de la grava, cuidadosamente rastrillada cada día, cambian ligeramente con cada mantenimiento, recordándonos que incluso en la constancia hay lugar para el cambio y la renovación. Este jardín es un ejemplo perfecto de la estética japonesa, donde la belleza reside en la sencillez y la precisión.

Los jardineros que cuidan los jardines de piedra siguen rutinas rigurosas para mantener el equilibrio perfecto entre los elementos. El rastrillado de la grava, una tarea esencial, se realiza con meticuloso cuidado para crear líneas rectas o curvas armoniosas, evocando las corrientes de agua o las ondulaciones del océano. Esta práctica, lejos de ser una simple tarea cotidiana, se considera un ejercicio espiritual que requiere paciencia, concentración y una profunda apreciación de la calma. Las piedras, mientras tanto, se limpian y a veces se recolocan para mantener la integridad del diseño original.

Los jardines de piedra no son sólo espacios estéticos; también son herramientas de enseñanza y disciplina. Para los monjes zen, trabajar en estos jardines forma parte de su formación espiritual, un medio para desarrollar la plena conciencia y el autocontrol. Al cuidar estos jardines, aprenden a observar con atención cada detalle, a estar presentes en cada gesto y a encontrar la paz interior en las acciones más sencillas. El jardín se convierte entonces en un reflejo del espíritu, un lugar donde se unen el trabajo físico y la meditación.

Estos jardines de piedra encarnan la esencia del wabi-sabi, la belleza de la imperfección y la impermanencia. Incluso en su aparente quietud, cambian constantemente, ya sea por el juego de las sombras, la caída de una hoja o el sutil movimiento de la grava con el viento. Enseñan que la belleza puede encontrarse en las cosas más sencillas, y que incluso en la quietud siempre hay movimiento y vida.

Hecho 41 - Los escolares llevan carteras rojas

En Japón, los niños de primaria se distinguen por sus mochilas de cuero duro conocidas como "randoseru". Tradicionalmente, las niñas llevan mochilas rojas, mientras que los niños optan por modelos negros. Estas carteras son más que simples bolsas: simbolizan un rito de paso y orgullo para los jóvenes alumnos. Hechas para durar, las randoseru están pensadas para acompañar a los niños a lo largo de sus seis años de escuela primaria. Su robustez y diseño ergonómico reflejan la importancia que la cultura japonesa concede a la calidad y la durabilidad.

Los orígenes del randoseru se remontan al periodo Edo, cuando los soldados utilizaban mochilas similares para transportar sus pertenencias. Inspirado en las mochilas militares holandesas, el randoseru se adoptó en las escuelas japonesas a finales del siglo XIX, para estandarizar y aligerar el equipamiento de los alumnos. Con el paso de los años, esta mochila se ha convertido en un símbolo de la educación primaria en Japón, representando tanto la disciplina como la igualdad entre los escolares. Su diseño ha cambiado muy poco, conservando su característica forma rectangular y su estructura rígida.

La elección del rojo para las niñas y el negro para los niños tiene sus raíces en antiguas tradiciones, pero esta distinción es cada vez menos estricta hoy en día. Los niños y sus padres tienen ahora libertad para elegir entre una gran variedad de colores y dibujos, aunque el rojo sigue siendo una opción popular para muchas niñas. Algunos niños optan incluso por colores más vivos, como el azul o el verde, o por diseños inspirados en sus personajes favoritos, lo que hace que cada randoseru sea único y personal.

Estas mochilas escolares no son sólo funcionales; también desempeñan un papel educativo, enseñando a los niños organización y responsabilidad. Las randoseru están diseñadas para guardar todo el material escolar necesario, desde libros hasta útiles, manteniendo el equilibrio en la espalda del niño. Con compartimentos ingeniosamente dispuestos, ayudan a los niños a aprender a organizar sus pertenencias y a gestionar el peso de sus libros, una habilidad esencial desde una edad temprana. Llevar un randoseru es un símbolo de crecimiento e independencia para los escolares japoneses.

Los abuelos o los padres suelen regalar las randoseru cuando un niño entra en el primer curso de primaria, lo que marca este momento especial en su vida. Esta mochila, que puede costar varios cientos de euros, se considera una inversión en la educación del niño. El cuidado que se pone en la fabricación del randoseru, con sus costuras precisas y sus materiales de calidad, refleja la importancia que se concede en Japón al aprendizaje y el bienestar de los niños.

Hecho 42 - Los escolares comen todos juntos en clase

En Japón, la hora de la comida es tan educativa como el resto del día. A diferencia de muchos otros países, los escolares japoneses no comen en un comedor aparte, sino directamente en su aula, rodeados de sus compañeros y su profesor. Este tiempo de comida colectiva, conocido como "kyūshoku", es parte integrante del currículo escolar, donde los alumnos aprenden no sólo a comer bien, sino también a estrechar lazos sociales y a desarrollar un sentido de comunidad y responsabilidad.

Las comidas son servidas por los propios alumnos, que se turnan para hacer de camareros. Vestidos con delantales y gorros por razones de higiene, los niños distribuyen la comida y se aseguran de que todos reciben una ración equilibrada. Esta actividad enseña a los alumnos la importancia del trabajo en equipo, el servicio a los demás y el orden. Este sencillo pero significativo ritual también ayuda a los niños a comprender de dónde proceden sus alimentos y el respeto que merecen quienes los preparan, cultivan y cocinan.

Las comidas escolares japonesas están diseñadas para ser nutritivas y equilibradas, y suelen incluir arroz, verduras, proteínas como pescado o carne, y sopa de miso. Los dietistas planifican cuidadosamente los menús para garantizar que los niños reciban todos los nutrientes que necesitan para crecer. Las comidas son variadas y a menudo se inspiran en la cocina tradicional japonesa, lo que introduce a los alumnos en sabores y alimentos con los que de otro modo no estarían familiarizados. Este cuidado de la alimentación refleja la importancia que la cultura japonesa concede a la salud y el bienestar de los niños.

Durante la comida, los alumnos comen juntos en pequeños grupos o alrededor de sus pupitres, que se transforman en mesas de comedor para la ocasión. Comparten no sólo la comida, sino también momentos de debate y distensión. El profesor también come con los alumnos, creando un ambiente de convivencia e igualdad. Es una oportunidad para aprender buenos modales, como comer correctamente, esperar a que todos se sirvan antes de empezar y agradecer la comida con un "itadakimasu" antes de la comida y un "gochisousama deshita" después.

Después de comer, los alumnos se encargan de limpiar el aula, una práctica que enseña independencia y respeto por el entorno compartido. Todos participan en tareas sencillas como limpiar los pupitres, guardar los restos de comida y limpiar los utensilios. Este proceso forma parte integral de la experiencia educativa, reforzando la idea de que la limpieza y la responsabilidad son valores esenciales en la vida cotidiana.

Hecho 43 - Los ciervos de Nara vagan libres

En Nara, ciudad histórica cercana a Kioto, los ciervos sika deambulan libremente por parques y calles, ofreciendo a los visitantes una experiencia única y memorable. Estos ciervos son considerados mensajeros divinos en la religión sintoísta y han sido protegidos durante siglos. Hay unos 1.200 ejemplares, concentrados principalmente en el Parque de Nara, donde coexisten armoniosamente con los humanos. Se mueven con gracia entre los templos y santuarios, añadiendo un toque mágico a la apacible atmósfera de la ciudad.

Los ciervos de Nara son especialmente famosos por su comportamiento sociable y curioso. Acostumbrados a la presencia humana, a menudo se acercan a los visitantes con la esperanza de recibir galletas especialmente vendidas para ellos, llamadas "shika senbei". Estas galletas las venden los vendedores locales, y es divertido ver a los ciervos inclinarse en señal de agradecimiento tras recibir una golosina. Este comportamiento, que se asemeja a un saludo, refuerza aún más la impresión de que estos animales son residentes de la ciudad por derecho propio, respetados y apreciados tanto por los lugareños como por los turistas.

Estos ciervos son parte integrante de la historia y la cultura de Nara. Según la leyenda, Takemikazuchi, uno de los cuatro dioses del santuario Kasuga Taisha, llegó a Nara a lomos de un ciervo blanco para proteger la nueva capital. Desde entonces, los ciervos han sido considerados animales sagrados y han gozado de una protección especial. Esta creencia ha ayudado a preservar la población de ciervos a lo largo de los siglos, y su presencia hoy es un recordatorio vivo de las antiguas tradiciones sintoístas que aún persisten en la Nara moderna.

El Parque de Nara, donde los ciervos campan a sus anchas, es también el emplazamiento de varios lugares históricos importantes, como Todai-ji, uno de los templos budistas más grandes de Japón, que alberga una enorme estatua de Buda. Los ciervos, a menudo vistos descansando bajo los árboles o cerca de estanques, añaden un encanto especial al paisaje del parque. Su presencia suave y tranquila parece casi orquestada para complementar la serena belleza de los templos y jardines, creando un entorno donde la naturaleza y la espiritualidad se encuentran en armonía.

Sin embargo, los ciervos de Nara no son sólo símbolos religiosos o atracciones turísticas; también son una parte importante del ecosistema local. Contribuyen a la biodiversidad del parque participando en el ciclo de las plantas y ayudando a mantener el equilibrio natural de la vegetación. Su libertad de movimientos en una ciudad tan rica en historia y espiritualidad ilustra la forma única en que Japón integra el respeto por la naturaleza en su cultura urbana.

Hecho 44 - Los rascacielos de Tokio casi tocan el cielo

Los rascacielos de Tokio parecen desafiar a la gravedad mientras se elevan hacia el cielo, reflejando la modernidad y el ingenio arquitectónico de Japón. Estos imponentes edificios, como el Tokyo Skytree y la Tokyo Tower, dominan el horizonte de la ciudad y ofrecen impresionantes vistas de la inmensidad urbana. El Tokyo Skytree, con sus 634 metros, es una de las estructuras más altas del mundo, y sirve no sólo como torre de radiodifusión, sino también como símbolo de la innovación tecnológica de Japón.

Los rascacielos de Tokio no sólo son altos; también están diseñados para resistir los frecuentes terremotos que sacuden la región. La construcción de estos edificios requiere técnicas de vanguardia, como sistemas de amortiguación sísmica y cimientos flexibles que permiten que las estructuras se balanceen ligeramente durante los temblores, absorbiendo así la energía del seísmo. Por ejemplo, la Shinjuku Park Tower, de 235 metros de altura, incorpora avanzadas tecnologías antisísmicas que garantizan la seguridad de los ocupantes al tiempo que amplían los límites de la arquitectura.

Estos rascacielos no son sólo proezas de la ingeniería; albergan oficinas, hoteles, centros comerciales e incluso jardines colgantes, transformando el paisaje urbano en un espacio multifuncional. La Torre Mori de Roppongi Hills, por ejemplo, combina oficinas, residencias, museos y restaurantes, ofreciendo a los visitantes una experiencia completa sin tener que salir del edificio. Este enfoque integrado refleja el estilo de vida de Tokio, donde la eficiencia y la comodidad son esenciales en una ciudad densamente poblada.

Las vistas desde los observatorios de los rascacielos de Tokio son espectaculares. De día, se puede ver el monte Fuji asomando en el horizonte en un día despejado, mientras que de noche, las luces de la ciudad crean un deslumbrante espectáculo lumínico. Lugares como el observatorio de la Torre Mori y el Edificio del Gobierno Metropolitano de Tokio permiten a los visitantes apreciar el tamaño y la complejidad de esta metrópolis en expansión. Estos miradores ofrecen una perspectiva única de cómo Tokio, a pesar de su inmenso tamaño, sigue siendo una ciudad vibrante y llena de vida.

Los rascacielos de Tokio ilustran a la perfección el equilibrio entre tradición y modernidad que caracteriza a Japón. Mientras que los templos y santuarios recuerdan la historia antigua y la espiritualidad, las torres de cristal y acero simbolizan el dinamismo y el futuro. Cada edificio es una declaración de la capacidad de Japón para innovar respetando los retos que plantea la naturaleza. Al contemplar estas impresionantes estructuras, uno no puede dejar de admirar la determinación y la creatividad que han permitido a Tokio convertirse en una de las ciudades más notables y con mayor visión de futuro del mundo.

Hecho 45 - Los puentes japoneses suelen ser curvos

Los puentes curvos, conocidos como "taiko bashi" o puentes de tambor, son una característica distintiva de la arquitectura japonesa, y se encuentran con frecuencia en jardines tradicionales, templos y santuarios. Su elegante forma arqueada no sólo tiene fines estéticos, sino también un significado simbólico. Las curvas representan el paso de este mundo al reino espiritual, y cada paso en estos puentes invita a la contemplación y la reflexión. Cruzar un puente curvo en un jardín japonés es prepararse para entrar en un espacio sagrado o experimentar un momento de paz interior.

Estos puentes no son sólo bonitos; también son funcionales. Sus arcos permiten el paso de embarcaciones y son más resistentes a las inundaciones, una característica útil en un país afectado a menudo por fuertes lluvias e inundaciones. La arquitectura de los puentes curvos refleja el ingenio japonés, que combina la estética con la practicidad. Un ejemplo famoso es el puente Shinkyo de Nikko, que cruza el río Daiya. Pintado de rojo bermellón, se eleva grácilmente sobre el agua, simbolizando la entrada al santuario de Toshogu, uno de los lugares más sagrados de Japón.

En los jardines japoneses, los puentes curvos suelen pintarse de rojo brillante, un color simbólico asociado a la protección y la buena suerte. Se colocan para crear perspectivas visuales cautivadoras, animando a los visitantes a explorar el jardín desde distintos ángulos. Estos puentes nunca son rectos; su curvatura obliga a los paseantes a aminorar la marcha, vigilar sus pasos y tomarse tiempo para observar su entorno. Esta sutil interacción entre el puente y el paisaje circundante transforma cada travesía en una experiencia sensorial enriquecedora.

La construcción de estos puentes requiere una gran precisión y una artesanía transmitida de generación en generación. Hechos principalmente de madera, a veces reforzados con piedra, estos puentes están diseñados para fundirse armoniosamente con su entorno. Los carpinteros japoneses, famosos por su pericia, no suelen utilizar clavos ni tornillos, sino técnicas de ensamblaje tradicionales que realzan la belleza natural del material. Cada puente es único, con proporciones cuidadosamente calculadas para que encajen con el resto del paisaje.

Los puentes curvos japoneses ilustran la armonía entre el hombre y la naturaleza, un valor central de la cultura japonesa. Son un recordatorio de que cada elemento de un jardín o santuario tiene su lugar y su función, no sólo para agradar a la vista, sino también para fomentar una determinada disposición. Cuando se cruza un puente curvo, no sólo se va de un punto a otro, sino que se vive una experiencia en la que la arquitectura y el paisaje se unen para ofrecer un momento de tranquilidad y reflexión.

Hecho 46 - Los fuegos artificiales son un arte en Japón

En Japón, los fuegos artificiales, conocidos como "hanabi", son mucho más que un mero entretenimiento; se consideran una verdadera forma de arte. Cada verano, miles de fuegos artificiales iluminan los cielos en festivales por todo el país. Estos espectáculos pirotécnicos, a menudo acompañados de música, atraen a grandes multitudes y son una oportunidad para que los japoneses celebren la belleza efímera y la alegría colectiva. La palabra "hanabi" significa literalmente "flores de fuego", una descripción poética que refleja la naturaleza efímera y deslumbrante de estas creaciones luminosas.

Uno de los espectáculos pirotécnicos más famosos de Japón es el Festival de Fuegos Artificiales del Río Sumida, en Tokio, que se celebra cada mes de julio. El festival atrae a millones de espectadores que acuden a ver cómo miles de fuegos artificiales explotan en intrincados y coloridos patrones sobre el río Sumida. El festival tiene una larga historia, que se remonta al periodo Edo, cuando se celebraba para alejar las epidemias y atraer la prosperidad. Hoy simboliza la resistencia y el espíritu festivo de la capital japonesa.

Los pirotécnicos japoneses son famosos por su excepcional artesanía y su constante búsqueda de la perfección. A diferencia de otros países, donde los fuegos artificiales suelen ser ruidosos y rápidos, los japoneses hacen hincapié en la forma, el color y la precisión. Cada explosión se planifica cuidadosamente para crear patrones específicos, como flores, animales o incluso formas geométricas complejas. Los colores son intensos y variados, conseguidos mediante mezclas precisas de productos químicos, y los fuegos artificiales suelen estar sincronizados para contar una historia visual en el cielo.

Los fuegos artificiales japoneses no sólo son espectaculares; también tienen una dimensión espiritual y simbólica. Encarnan la filosofía japonesa del "mono no aware", una sensibilidad hacia la belleza fugaz de las cosas. Al igual que la flor del cerezo dura sólo un momento, los fuegos artificiales recuerdan a los espectadores la belleza de la impermanencia. Esta naturaleza temporal y la precisión artística de los fuegos artificiales son parte de lo que hace que los espectáculos hanabi sean tan únicos y populares en Japón.

Los festivales de fuegos artificiales son también momentos de reunión comunitaria y familiar. La gente viste coloridas yukatas (kimonos de verano), lleva picnics y se reúne bajo el cielo nocturno para disfrutar del espectáculo. Los niños, asombrados por los destellos de luz, comparten el momento con los adultos en un ambiente alegre y cordial.

Hecho 47 - Los dispensadores de bebidas están por todas partes

En Japón, las máquinas expendedoras de bebidas son omnipresentes, convirtiéndose casi en parte integrante del paisaje urbano y rural. Se pueden encontrar en cada esquina, en las estaciones de tren, delante de las tiendas e incluso en las zonas más remotas de las montañas o los templos. Hay alrededor de una máquina expendedora por cada 23 habitantes, lo que lo convierte en uno de los países del mundo con mayor densidad de estas máquinas. Estas máquinas expendedoras ofrecen una gran variedad de bebidas, desde agua y refrescos hasta tés, cafés e incluso sopas calientes, adaptadas a cada estación.

Uno de los aspectos más notables de estos dispensadores es su diversidad y adaptabilidad. En verano, las máquinas ofrecen bebidas frescas para combatir el calor, mientras que en invierno dispensan bebidas calientes para calentar a los transeúntes. Las máquinas expendedoras están programadas para cambiar su oferta en función de la temperatura, un ejemplo perfecto del ingenio japonés cuando se trata de comodidad y servicio. Algunas incluso ofrecen bebidas sorprendentes, como té verde con gas o cafés con sabores inusuales, que atraen a curiosos y amantes de lo novedoso.

Estas máquinas expendedoras no sólo venden bebidas; también reflejan la fiabilidad y seguridad de Japón. En un país con un bajo índice de delincuencia, las máquinas expendedoras pueden funcionar sin vigilancia, incluso en los lugares más remotos. Rara vez son objeto de actos vandálicos, y tanto los japoneses como los turistas pueden utilizarlas con confianza, de día y de noche. La presencia tranquilizadora de las máquinas expendedoras es un símbolo de la eficiencia y el rigor japoneses, donde cada detalle está pensado para mejorar la vida cotidiana.

La historia de las máquinas expendedoras en Japón se remonta a la década de 1960, cuando empezaron a aparecer las primeras máquinas en pueblos y ciudades para vender refrescos. Desde entonces, su popularidad no ha dejado de crecer, y su diseño ha evolucionado hasta incluir pantallas táctiles, pagos con tarjeta e incluso interfaces multilingües para dar la bienvenida a los turistas extranjeros. Estas modernas máquinas, iluminadas de noche con luces brillantes, añaden un toque futurista al paisaje urbano japonés, sin dejar de estar profundamente arraigadas en la cultura local.

En Japón, las máquinas expendedoras de bebidas van más allá de su función primordial al ofrecer también momentos de pausa y convivencia. Para muchos trabajadores o estudiantes con prisas, detenerse ante una máquina expendedora para comprar una bebida es un pequeño paréntesis en un día ajetreado.

Hecho 48 - Los baños onsen son calentados por volcanes

Los onsen, o fuentes termales japonesas, son uno de los tesoros naturales más apreciados de Japón, y su agua se calienta directamente por la actividad volcánica subterránea. Situados en un país con más de 100 volcanes activos, los onsen se abastecen naturalmente de agua caliente mediante calor geotérmico. Este fenómeno es posible gracias a la posición de Japón en el Cinturón de Fuego del Pacífico, donde las placas tectónicas se encuentran y crean las condiciones ideales para las aguas termales. Estos baños ofrecen una experiencia única de relajación y bienestar muy apreciada por los japoneses desde hace siglos.

Los onsen no son sólo lugares para relajarse, también se consideran beneficiosos para la salud. Las aguas de los onsen son ricas en minerales como azufre, hierro y calcio, famosos por sus propiedades curativas. Estos minerales pueden ayudar a aliviar diversas dolencias, como dolores musculares, problemas de piel e incluso el estrés. Cada onsen tiene su propia composición mineral, lo que significa que cada baño ofrece una experiencia única. Por ejemplo, los manantiales de Beppu, una de las regiones onsen más famosas de Japón, son conocidos por sus baños burbujeantes y su espeso vapor.

Una de las características especiales de los onsen es su ubicación, a menudo pintoresca, enclavados en las montañas, cerca de ríos o con vistas al mar. Estos entornos naturales añaden una dimensión extra de tranquilidad a la experiencia del baño. Imagínese relajarse en un onsen al aire libre, llamado "rotenburo", rodeado de montañas nevadas o bajo un cielo estrellado. Esta inmersión en la naturaleza es un aspecto esencial de la experiencia onsen, que le permite conectar profundamente con la belleza circundante mientras disfruta de la relajante calidez del agua.

Los onsen son parte integrante de la cultura japonesa y suelen asociarse a rituales de purificación. Antes de entrar en un onsen, es tradición lavarse a fondo en los baños públicos para garantizar que el agua permanezca limpia para todos los usuarios. Este respeto por los demás y el medio ambiente refleja el valor cultural que se da en Japón a la limpieza y la armonía colectiva. Los onsen son lugares donde personas de todas las edades se reúnen y se relajan, no sólo para bañarse, sino también para socializar y relajarse juntos.

Japón cuenta con miles de onsen por todo el país, cada uno de los cuales ofrece una experiencia distinta. Ya sea en un ryokan tradicional, un hotel japonés con su propio onsen, o en baños públicos abiertos a todos, los onsen son accesibles y acogedores.

Hecho 49 - Los niños celebran su 7° cumpleaños de forma diferente

En Japón, los niños celebran una fiesta especial llamada Shichi-Go-San, literalmente "siete-cinco-tres", para marcar hitos importantes en su crecimiento. Esta celebración, que tiene lugar el 15 de noviembre, está dedicada a los niños de tres a cinco años y a las niñas de tres a siete años. Los niños se visten con el kimono tradicional para la ocasión, y visitan santuarios sintoístas para rezar por su salud y felicidad. Para las niñas de siete años es un momento especialmente importante, ya que marca el paso a una etapa madura.

Cuando una niña alcanza los siete años, empieza a llevar el obi, un cinturón ancho que sujeta el kimono, en lugar del sencillo cinturón infantil llamado "himo". Este cambio simboliza el paso de la infancia a una etapa más madura, y es un momento de gran orgullo para ella y su familia. El kimono que se lleva en el Shichi-Go-San suele estar ricamente decorado y puede pasar de generación en generación, lo que añade un toque de tradición y emoción a este día tan especial.

Otra característica especial de este festival es la distribución de "chitose ame", largos caramelos rojos o blancos que simbolizan la larga vida y la buena salud. Estos dulces suelen presentarse en bonitas bolsas decoradas con grullas y tortugas, dos animales que representan la longevidad en la cultura japonesa. A los niños les encantan estos dulces, y recibirlos es una parte esencial de la celebración. Esta tradición muestra cómo cada detalle de la fiesta está impregnado de simbolismo y esperanza para el futuro de los niños.

Las familias suelen hacer fotos para capturar este día tan especial, con niños vestidos con trajes tradicionales posando orgullosos delante de santuarios o en jardines japoneses. Estas fotos se convierten en preciados recuerdos, que recuerdan no sólo el día en que los niños alcanzaron un hito, sino también el amor y el apoyo de sus familias. Es un momento en el que las generaciones se reúnen para celebrar no sólo al niño, sino también los valores de la familia y la comunidad.

Shichi-Go-San no es sólo una celebración para los niños, también es un día para que los padres expresen su gratitud por el sano crecimiento de sus hijos y recen por su futuro. La celebración suele tener lugar en el entorno de la familia ampliada, incluidos los abuelos y otros parientes, lo que refuerza los lazos familiares. Las oraciones y rituales que se practican en este día reflejan un profundo respeto por la tradición y un sincero deseo de que los niños crezcan sanos, rodeados del afecto de sus seres queridos. Este festival único subraya la importancia de los ritos de paso en la cultura japonesa, celebrando cada etapa de la vida con especial cuidado y sentido de comunidad.

Hecho 50 - Los shogunes gobernaron Japón en el pasado

Los shogunes, jefes militares supremos de Japón, gobernaron el país durante siglos e influyeron profundamente en su historia y su cultura. El término "shogun" significa "gran general" y se refiere a un líder militar que, aunque técnicamente subordinado al emperador, en realidad ostentaba el poder político y militar supremo. El primer shogunato, o gobierno shogunal, fue establecido por Minamoto no Yoritomo en 1192, iniciando un largo periodo en el que los shogunes dominaron la escena política japonesa, a menudo desde la ciudad de Kamakura, y más tarde desde Kioto y Edo, la actual Tokio.

Los shogunes solían pertenecer a poderosas familias de samuráis y su autoridad se extendía a todo el país. Controlaban la tierra y a los señores locales, conocidos como daimyos, que debían lealtad al shogún. La era de los shogunes se caracterizó por numerosos conflictos internos entre clanes rivales, pero también por una administración estricta y un orden social rígido. Las leyes y normas dictadas por los shogunes estructuraban la vida cotidiana, y el código samurái, el bushido, desempeñaba un papel central en la cultura y la moral de la época.

Uno de los periodos más famosos de gobierno shogún fue el periodo Edo (1603-1868), bajo el shogunato Tokugawa. Esta dinastía estableció una relativa paz y estabilidad tras siglos de guerras civiles. Cerraron el país a las influencias extranjeras durante más de 200 años, una política conocida como sakoku, o "aislamiento cerrado". Durante este periodo, Japón experimentó un desarrollo cultural rico y único, con avances en arte, literatura y urbanismo. Tokio, entonces conocida como Edo, se convirtió en una de las mayores ciudades del mundo, con una población dinámica y mercados florecientes.

El poder de los shogunes llegó a su fin con la Restauración Meiji en 1868, cuando el emperador fue restaurado como cabeza política y espiritual de Japón. Este retorno a la autoridad imperial marcó el comienzo de la rápida modernización de Japón, poniendo fin a siglos de gobierno shogún. El último shogun, Tokugawa Yoshinobu, abdicó en 1867, marcando el fin de una era y el comienzo de una transformación radical para Japón. Sin embargo, el legado de los shogunes permanece, con castillos, fortalezas y relatos épicos que siguen fascinando a los japoneses y a visitantes de todo el mundo.

Hoy en día, la influencia de los shogunes sigue siendo visible en la arquitectura, la cultura y las tradiciones de Japón. Castillos como el de Himeji y el de Matsumoto son testigos de la grandeza y el poder de los shogunes. Las prácticas y códigos de honor de los samuráis, que servían a los shogunes, siguen siendo admirados por su disciplina y dedicación.

Hecho 51 - Los paraguas transparentes son populares

En Japón, los paraguas transparentes son omnipresentes y parte integrante de la vida cotidiana, sobre todo durante la estación lluviosa, conocida como "tsuyu", que dura de junio a julio. Estos paraguas, a menudo de plástico transparente, permiten ver a través de ellos mientras se está protegido de la lluvia. No sólo son prácticos para circular por las concurridas calles de grandes ciudades como Tokio, sino que además son muy asequibles, lo que los hace accesibles a todo el mundo. Su popularidad radica en su sencillez y funcionalidad, adaptadas a la vida urbana.

Los paraguas transparentes suelen venderse en tiendas de conveniencia, o "konbini", por sólo unos cientos de yenes, o unos pocos euros. Esto hace que sean fáciles de reemplazar si se pierden o se rompen. Debido a su bajo precio, suelen considerarse artículos desechables, aunque muchos japoneses también los utilizan con cuidado. Los paraguas son tan comunes que las estaciones y otros lugares públicos suelen tener puestos donde la gente puede pedir prestado o dejar un paraguas si lo necesita.

El atractivo de los paraguas transparentes va más allá de su funcionalidad. Ofrecen una experiencia visual única en los días de lluvia, ya que permiten ver las gotas de lluvia caer y deslizarse por la superficie del paraguas, creando un efecto relajante y casi hipnótico. Caminar bajo un paraguas transparente en medio de un aguacero se convierte en una experiencia más conectada con el entorno, ya que se puede ver todo lo que nos rodea sin obstrucciones. Esta sutil interacción con la naturaleza refleja la estética japonesa, que valora la belleza de las pequeñas cosas de la vida cotidiana.

El uso de paraguas transparentes también refleja el respeto japonés por el espacio público. En un país donde las calles suelen estar abarrotadas, los paraguas transparentes facilitan la visibilidad y evitan los choques con otros peatones. Esto hace que la circulación en los espacios públicos sea más fluida y agradable para todos, incluso con mal tiempo. Es una ilustración sencilla pero eficaz de cómo el diseño puede adaptarse a las necesidades colectivas al tiempo que mejora la vida urbana.

Estos paraguas se han vuelto tan emblemáticos que a menudo se asocian con la imagen del Japón moderno y urbano. Se ven por todas partes, desde los bulliciosos distritos de Shibuya hasta los apacibles templos de Kioto, llevados por lugareños y turistas por igual. Los paraguas transparentes son un símbolo de la practicidad y el diseño accesible de Japón, y demuestran cómo un objeto sencillo puede captar la esencia de una cultura en la que la funcionalidad y la estética se dan la mano en armonía.

Hecho 52 - Los tejados de los templos están curvados hacia el cielo

Los tejados curvos de los templos japoneses son uno de los rasgos más emblemáticos de la arquitectura tradicional del país. Estos tejados, a menudo adornados con tejas de cerámica o madera, están diseñados con extremos que se curvan elegantemente hacia el cielo. Este estilo distintivo no sólo es estéticamente agradable, sino que también tiene profundos significados simbólicos y funciones prácticas. Se cree que la curvatura hacia el cielo repele a los malos espíritus y atrae energías positivas, creando un espacio sagrado protegido en armonía con las fuerzas de la naturaleza.

La forma curva de los tejados también ayuda a gestionar las condiciones climáticas específicas de Japón, como las fuertes lluvias y la nieve. La inclinación de los tejados permite que el agua escurra con facilidad, evitando la acumulación de nieve o agua que podría dañar la estructura. Estos tejados se construyen a menudo con sistemas de canalones de madera finamente elaborados que dirigen el agua lejos de los cimientos del templo, protegiendo el edificio. Este ingenioso enfoque combina belleza y funcionalidad, mostrando cómo la arquitectura japonesa integra la naturaleza en su diseño.

Templos famosos como Kiyomizu-dera, en Kioto, y Senso-ji, en Tokio, son ejemplos perfectos de esta arquitectura, con sus majestuosos tejados que parecen flotar sobre el suelo. Al pasear por los jardines o patios de estos templos, la impresión es de ligereza y elevación, como si los tejados invitaran a los visitantes a mirar hacia arriba y conectar con el cielo. Este estilo arquitectónico inspira una sensación de paz y serenidad, en perfecta sintonía con la atmósfera espiritual de los templos.

Estos tejados curvos también suelen estar decorados con motivos simbólicos como dragones, fénix o diseños florales. Estos ornamentos no sólo son estéticamente agradables, sino que también tienen significados protectores, ya que se cree que ahuyentan a los malos espíritus y traen buena suerte y prosperidad. El dragón, por ejemplo, es símbolo de fuerza y protección, y se encuentra a menudo en los tejados de los templos para proteger los lugares sagrados de influencias negativas. Estos detalles arquitectónicos demuestran la meticulosa atención prestada a cada elemento del diseño.

La arquitectura de los templos japoneses, con sus tejados curvos, refleja la profunda filosofía y las creencias de la cultura japonesa. Ilustra cómo la estética, la espiritualidad y la funcionalidad pueden coexistir armoniosamente. Los tejados que se elevan hacia el cielo no son sólo elementos constructivos, sino expresiones de la búsqueda del equilibrio y la belleza en la vida cotidiana.

Hecho 53 - El pez Fugu es extremadamente peligroso

El fugu, o pez globo, es famoso en Japón por ser uno de los alimentos más arriesgados de consumir debido a la toxina mortal que contiene, la tetrodotoxina. Esta toxina se encuentra principalmente en el hígado, los ovarios y la piel del pez, y es 1.200 veces más tóxica que el cianuro. Un solo gramo de tetrodotoxina puede bastar para matar a una persona, y no existe antídoto. Sin embargo, a pesar del peligro, el fugu sigue considerándose un manjar apreciado, y muchos japoneses lo comen como sashimi, es decir, cortado en lonchas finas.

La preparación del fugu está estrictamente regulada en Japón para garantizar la seguridad del consumidor. Sólo los chefs que han recibido varios años de rigurosa formación y superado un duro examen están autorizados a preparar este pescado. Esta prueba incluye una parte práctica en la que el cocinero debe demostrar su habilidad para cortar el fugu correctamente, eliminando todas las partes tóxicas sin dejar ningún rastro en la carne comestible. Los restaurantes autorizados a servir fugu exhiben con orgullo su licencia, garantizando a los clientes que el pescado se prepara con total seguridad.

A pesar de las precauciones tomadas, el fugu sigue fascinando y atrayendo a los amantes de las emociones fuertes y la cocina exótica. La textura única del fugu, combinada con un ligero sabor a mar, constituye una experiencia culinaria muy especial. Algunos entusiastas afirman incluso sentir una ligera sensación de adormecimiento en la lengua al comer este pescado, una marca de tetrodotoxina en pequeñas cantidades, cuidadosamente controlada por los chefs para que siga siendo segura. Esta sensación única es parte del atractivo de este atrevido plato.

El fugu se come de varias formas: crudo en sashimi, cocido en una sopa llamada "fugu-chiri" o a la parrilla. A menudo se sirve con ponzu, una salsa elaborada con salsa de soja y cítricos, que complementa delicadamente el sutil sabor del pescado. En invierno, el fugu se hace especialmente popular, y los japoneses acuden en masa a los restaurantes especializados para degustar este plato que, más allá de un riesgo, se ha convertido en un símbolo de prestigio y maestría culinaria.

Históricamente, el fugu se ha comido en Japón desde tiempos remotos, a pesar de las estrictas prohibiciones en ciertos periodos, sobre todo durante la era Edo, debido a los numerosos envenenamientos mortales. Hoy en día, con los avances en la formación de los chefs y las rigurosas normativas, el fugu se come en un entorno mucho más seguro, aunque el riesgo nunca se elimina del todo. Este pescado sigue siendo un icono de la cocina japonesa, un plato donde el arte de la preparación se une a la emoción del peligro, y donde la confianza en la pericia del chef es absoluta.

Hecho 54 - Se plantan cerezos a lo largo de las carreteras

Los cerezos, o sakura, son mucho más que árboles en Japón: simbolizan la belleza efímera de la vida. Además de en parques y jardines, estos árboles suelen plantarse a lo largo de carreteras y ríos, formando túneles de flores rosas y blancas en primavera. Esta tradición se remonta al periodo Edo, cuando los señores feudales ordenaron plantar cerezos para embellecer los caminos que conducían a sus fincas, proporcionando a los viajeros un magnífico espectáculo en sus desplazamientos.

En abril, cuando los cerezos están en plena floración, las avenidas bordeadas de sakura se convierten en destinos populares para el hanami, la tradición japonesa de contemplar las flores. Familias, amigos y colegas se reúnen bajo las ramas en flor para hacer picnic y celebrar la llegada de la primavera. Las calles bordeadas de cerezos, como las de la ciudad de Kioto o las largas callejuelas cercanas al río Meguro en Tokio, atraen a miles de visitantes cada año, convirtiendo los trayectos ordinarios en experiencias inolvidables.

Los cerezos de carretera también sirven para aliviar e inspirar a quienes los utilizan. Para los escolares que van a la escuela cada día o los trabajadores que van a la oficina, estos árboles ofrecen un refrescante descanso visual. La caída de los pétalos crea una alfombra de flores en el suelo, y esta poética escena forma parte integrante de la vida cotidiana primaveral en Japón. Esta belleza natural, accesible a todos, refleja la preocupación del pueblo japonés por el entorno vital y el bienestar de la comunidad.

Las carreteras bordeadas de cerezos no sólo son estéticamente agradables, sino que también desempeñan una función práctica. Los árboles ayudan a reducir el calor en verano proporcionando sombra, y contribuyen a la biodiversidad proporcionando un hábitat para pájaros e insectos. Además, a menudo se plantan de forma que no interfieran con la visibilidad o la seguridad vial, lo que demuestra cómo Japón integra armoniosamente la naturaleza en la planificación urbana.

Al plantar cerezos a lo largo de las carreteras, Japón demuestra su compromiso con la conservación y la celebración de la naturaleza, incluso en los espacios urbanos. Estos árboles, que sólo florecen unos días al año, recuerdan a los transeúntes que deben disfrutar de los fugaces momentos de belleza de la vida. Los cerezos de las carreteras son mucho más que un elemento decorativo; son una invitación a la contemplación y a la gratitud por los sencillos placeres de cada día.

Hecho 55 - Las familias se reúnen en Nochevieja

El Año Nuevo, u Oshōgatsu, es una de las fiestas más importantes y esperadas en Japón. Es una época en la que muchos japoneses regresan a casa con sus familias, a veces recorriendo largas distancias. Es un momento para reunirse y compartir, celebrando juntos el final de un año y el comienzo de uno nuevo. Las calles de las ciudades se vacían y las casas cobran vida entre risas y conversaciones, un contraste que demuestra hasta qué punto esta festividad gira en torno a la familia y la tradición.

Durante el Año Nuevo, las familias preparan y disfrutan de platos especiales llamados osechi ryori, presentados en cajas lacadas llamadas jūbako. Estos platos no sólo son deliciosos, sino que cada uno tiene un significado simbólico para la salud, la longevidad, la prosperidad y la buena suerte. Por ejemplo, las gambas simbolizan la longevidad, ya que su forma curvada recuerda a una persona mayor, y las judías negras (kuromame) se asocian con la salud y la diligencia.

La tradición de hacer regalos, u otoshidama, es también un momento clave para los niños. Reciben dinero de sus padres, abuelos y otros familiares en pequeños sobres decorados. Es una forma de desearles prosperidad y buena suerte para el año venidero. Los niños lo esperan con ilusión, y a menudo es una oportunidad para que aprendan a gestionar un pequeño presupuesto, ya que a veces utilizan el dinero para comprar juguetes o ahorrar para más adelante.

Además de comidas y regalos, el Año Nuevo es también tiempo de reflexión y purificación. Las familias visitan los templos para realizar el primer servicio del año, llamado hatsumode. Durante estas visitas, la gente reza por la salud y la felicidad de sus familias, compra talismanes de la suerte para el año entrante y se deshace de cosas viejas para quemarlas, símbolo de renovación. Las campanas del templo suenan 108 veces a medianoche para ahuyentar los pecados del año pasado, creando una atmósfera pacífica y solemne.

El Año Nuevo japonés, con sus costumbres y rituales, ofrece un bienvenido descanso del ajetreado ritmo de la vida cotidiana. Es una época en la que todo el mundo se toma su tiempo para reencontrarse con sus seres queridos, reflexionar sobre el año pasado y prepararse con optimismo para el venidero. El respeto a las tradiciones familiares y la transmisión de valores a las generaciones más jóvenes son el núcleo de estas celebraciones, lo que convierte al Año Nuevo en un momento precioso para las familias japonesas.

Hecho 56 - Japón inventó las tiendas de conveniencia

Las tiendas de conveniencia, conocidas como konbini en Japón, se han convertido en una parte esencial de la vida cotidiana japonesa. Estas pequeñas tiendas, abiertas las 24 horas del día, ofrecen una impresionante variedad de productos y servicios. La idea de tiendas abiertas las 24 horas para satisfacer las necesidades diarias de los clientes ha sido popularizada por Japón, que ha adaptado y desarrollado este concepto con una eficacia sin igual. Los konbini no sólo venden aperitivos y bebidas, sino también comidas calientes, artículos de papelería, productos de higiene y mucho más.

Las primeras tiendas de este tipo surgieron en los años 60 y 70, y ahora cadenas como 7-Eleven, FamilyMart y Lawson están omnipresentes en todo el país. Cuando uno entra en un konbini, puede comprar el almuerzo, pagar facturas, imprimir documentos e incluso enviar un paquete. Estas tiendas están diseñadas para hacer la vida más cómoda, y hay tantas que es casi imposible pasear por una ciudad japonesa sin toparse con una en cada esquina.

Lo que realmente distingue a los konbini japoneses es su capacidad para evolucionar con las necesidades del consumidor. Por ejemplo, durante la temporada del hanami, cuando se celebra la floración de los cerezos, estas tiendas ofrecen bentos y bebidas especiales para hacer picnics bajo los árboles. Se adaptan a las tendencias y a las estaciones, ofreciendo constantemente nuevas gamas de productos, que resultan atractivos y útiles para los clientes, ya sean locales o turistas.

Los konbini también desempeñan un importante papel social. A menudo son un lugar de encuentro para los vecinos, un refugio para las personas que se desplazan o una parada rápida para quienes trabajan hasta tarde. El personal de los konbini está formado para ofrecer un servicio cortés y eficiente, y estas tiendas son famosas por su limpieza e impecable organización. Incluso en las zonas rurales, donde las grandes cadenas de supermercados son escasas, los konbini proporcionan un acceso esencial a los productos de primera necesidad.

El éxito de los konbini japoneses ha inspirado modelos similares en todo el mundo, pero ningún otro país ha conseguido recrear la eficacia y diversidad de servicios que ofrecen estas tiendas. Al permanecer abiertos toda la noche y ofrecer productos y servicios adaptados a cada momento del día, los konbini encarnan el espíritu japonés de innovación y atención al detalle, haciendo cada aspecto de la vida un poco más cómodo.

Hecho 57 - Las casas japonesas resisten los terremotos

Japón, situado en el Cinturón de Fuego del Pacífico, sufre periódicamente terremotos. Para proteger a sus habitantes, Japón ha desarrollado técnicas de construcción avanzadas para garantizar que las casas sean resistentes a los temblores. Las construcciones modernas utilizan estructuras de acero y cimientos flexibles que permiten que los edificios se muevan sin derrumbarse. Esta flexibilidad es esencial porque absorbe la energía de los terremotos, reduciendo los daños.

Las técnicas de construcción antisísmica incluyen amortiguadores, cojinetes de bolas y bases aisladas que actúan como cojines. Estas tecnologías permiten que las casas y edificios "floten" ligeramente por encima de sus cimientos, minimizando los temblores que se sienten en su interior. Por ejemplo, durante el gran terremoto de 2011, muchos edificios equipados con estos sistemas consiguieron mantenerse en pie, protegiendo miles de vidas.

Las casas japonesas tradicionales, en cambio, utilizan madera y materiales ligeros. La madera es flexible por naturaleza, lo que permite que estas casas se muevan con los golpes sin sufrir daños importantes. Además, los tejados suelen ser de tejas ligeras, lo que reduce el riesgo de lesiones en caso de caída. Este enfoque, utilizado desde hace siglos, muestra cómo Japón integra la naturaleza y sus desafíos en su arquitectura.

Además de las técnicas, los japoneses siguen unas normas de construcción muy estrictas. Las leyes exigen inspecciones periódicas y el uso de materiales específicos para cada nueva construcción. A los niños se les enseña desde pequeños cómo reaccionar en caso de terremoto, y los simulacros son habituales en escuelas y oficinas. De este modo, toda la sociedad está preparada, y las casas son sólo una parte de esta estrategia global para vivir con seguridad en un país sísmicamente activo.

El ingenio japonés en la construcción antisísmica ha inspirado a otros países a adoptar técnicas similares. La innovación continúa, con investigaciones en curso para mejorar la resistencia de los edificios ante los temblores más violentos. Combinando tradición y tecnología punta, Japón sigue demostrando cómo la preparación y la adaptación pueden transformar una amenaza constante en una situación controlada.

Hecho 58 - Las tiendas de ultramarinos venden onigiri envasados

En Japón, las tiendas de conveniencia, conocidas como "konbini", son famosas por ofrecer una amplia gama de productos listos para comer, entre ellos los onigiri. Los onigiri son bolas de arroz en forma de triángulo o círculo, a menudo rellenas de ingredientes como salmón, ciruelas marinadas (umeboshi) o mayonesa de atún. Se envuelven en una fina capa de alga nori, que añade una textura crujiente a cada bocado.

Lo que hace tan especiales a los onigiri de konbinis es su ingenioso envoltorio. Cada onigiri está envuelto en una película de plástico que impide que el alga se ablande al tocar el arroz. Para comer el onigiri, basta con tirar de una lengüeta, que retira fácilmente la película y deja el alga fresca y crujiente. Es una solución sencilla pero eficaz que refleja la atención que los japoneses prestan a los detalles y a la calidad de los alimentos, incluso cuando se come a la carrera.

Los onigiris son apreciados por su sencillez y practicidad. Son una opción popular para almuerzos rápidos, picnics o incluso como tentempié entre comidas. Los konbinis están abiertos las 24 horas del día, lo que los hace accesibles a todo el mundo, desde escolares a oficinistas. Los diferentes rellenos ofrecen una gran variedad de sabores, desde salados a ligeramente dulces, Hecho para que todo el mundo encuentre el onigiri que le gusta.

La historia del onigiri se remonta varios siglos atrás. Antaño, los guerreros samurai los envolvían en hojas de bambú y los llevaban como comida rápida al campo de batalla. Hoy son un símbolo de la cocina tradicional japonesa adaptada a la vida moderna. Este modesto plato ha conservado su importancia cultural al tiempo que se ha convertido en un alimento cotidiano, demostrando cómo las tradiciones pueden evolucionar sin perder su esencia.

Los onigiris de Konbinis no son sólo una opción práctica de comida; son también una demostración del ingenio japonés. Este pequeño tentempié, perfectamente envasado, fácil de comer y disponible en todas partes, representa la unión perfecta entre tradición e innovación. Cuando se prueba un onigiri, no sólo se degusta un alimento delicioso, sino que se participa en una larga historia culinaria que sigue nutriendo Japón día tras día.

Hecho 59 - Los niños llevan yukatas en verano

En verano, los niños japoneses suelen cambiar su ropa habitual por yukatas, prendas tradicionales ligeras de algodón. El yukata, a menudo colorido y decorado con motivos florales o de temporada, es una versión más relajada del kimono, adecuada para los meses más cálidos. Esta prenda es especialmente popular en los festivales de verano, donde a los niños les gusta vestirse con trajes elegantes sin dejar de estar cómodos bajo el calor estival.

Llevar yukata se asocia a acontecimientos tradicionales como los matsuri, festivales locales en los que se combinan fuegos artificiales, puestos de comida y juegos. Los niños, vestidos con sus yukatas, corren por las calles, con el sonido de sus geta (sandalias de madera) resonando en el suelo, añadiendo un toque de autenticidad al ambiente festivo. Llevar un yukata durante estos eventos permite a los jóvenes japoneses conectar con sus raíces culturales, a la vez que se divierten en un ambiente amistoso y alegre.

La sencillez del yukata lo hace accesible a todos, incluso a los más pequeños. A diferencia del kimono, que a menudo requiere la ayuda de un adulto para ajustarlo correctamente, el yukata es fácil de llevar gracias a su cinturón obi, sencillo de anudar. Los padres suelen enseñar a sus hijos a ponérselo ellos mismos, reforzando un pequeño ritual familiar y un saber hacer transmitido de generación en generación.

Los diseños de yukatas para niños suelen elegirse por su simbolismo y belleza. Flores de sakura, libélulas y abanicos son diseños habituales que evocan el verano y la naturaleza. Cada detalle de la prenda, desde los estampados hasta los colores, está cuidadosamente pensado no sólo para ofrecer una estética agradable, sino también para transmitir significados positivos, como prosperidad, suerte o alegría.

Llevar un yukata en verano no es sólo una cuestión de estilo o tradición; es también una forma de formar parte de una comunidad. Al vestir estas prendas tradicionales, los niños sienten una fuerte conexión con su cultura y participan en una larga historia de celebraciones estivales japonesas. El yukata, aunque sencillo, desempeña un papel esencial en la identidad cultural japonesa, ofreciendo a los niños la oportunidad de vivir momentos especiales al tiempo que honran las tradiciones de su país.

Hecho 60 - Los luchadores de sumo se entrenan desde la infancia

Los sumos, los impresionantes luchadores japoneses, suelen comenzar su entrenamiento siendo niños. Desde muy pequeños, algunos niños se dirigen a los establos de sumo, conocidos como heya, donde siguen un estilo de vida estricto y disciplinado. Estos jóvenes aspirantes a luchadores de sumo, conocidos como "rikishi", se someten a exigentes rutinas que combinan ejercicio físico intenso, aprendizaje de técnicas de lucha y una dieta específica para ganar masa y fuerza.

El entrenamiento de los jóvenes luchadores de sumo no se limita a la práctica del deporte. También están inmersos en una cultura de respeto y tradición, aprendiendo los modales y rituales que rodean al sumo. Las jornadas comienzan temprano, a veces antes del amanecer, con ejercicios de flexibilidad, fuerza y combate. Este riguroso régimen pretende forjar sus cuerpos y mentes, inculcándoles la resistencia necesaria para sobresalir en este exigente deporte.

Para favorecer su desarrollo físico, los jóvenes luchadores consumen grandes cantidades de chanko-nabe, un guiso rico en proteínas y calorías esencial para ganar peso y masa muscular. Las comidas se realizan en grupo, lo que refuerza el espíritu de camaradería y apoyo mutuo entre los rikishi. Cada comida se convierte en una extensión de su entrenamiento, contribuyendo a su crecimiento y a su capacidad para competir en el dohyō, el ring de combate.

El entrenamiento de los jóvenes sumos va más allá de las simples habilidades de lucha. También aprenden los valores del respeto a sus mayores, la perseverancia ante los desafíos y la devoción a una vida disciplinada. Los rikishi conviven bajo la supervisión de un maestro de cuadra, que les enseña no sólo las técnicas de lucha, sino también cómo comportarse como atleta y representante del sumo, un deporte arraigado en las tradiciones japonesas.

Aunque el entrenamiento de sumo suele comenzar en la infancia, es un largo y arduo camino que no siempre promete gloria o éxito. Sólo los más decididos alcanzan los niveles más altos de este antiguo deporte. Sin embargo, para muchos, el simple hecho de pisar el dohyō como rikishi ya representa un logro inmenso, que demuestra su dedicación a una de las tradiciones más emblemáticas de Japón.

Hecho 61 - Los jardines japoneses suelen incluir puentes

Los jardines japoneses, famosos por su armonía y estética relajante, suelen incluir puentes que cruzan ríos, estanques o zonas arenosas. Estos puentes, a menudo de madera o piedra, no son meros elementos decorativos; simbolizan la transición y el paso de un estado a otro, una noción muy arraigada en la filosofía zen que influye en el diseño de muchos jardines. Los puentes pueden ser rectos, pero los más típicos son curvos, creando líneas suaves que se integran perfectamente en el entorno natural.

Estos puentes también sirven para guiar al visitante por el jardín, ofreciendo diferentes vistas y perspectivas de los paisajes cuidadosamente compuestos. Por ejemplo, el puente rojo brillante que suele encontrarse en los jardines japoneses contrasta magníficamente con el verde de los árboles y el azul del agua, llamando inmediatamente la atención e invitando al visitante a cruzar para ver lo que hay al otro lado. El famoso jardín Kenroku-en de Kanazawa es un ejemplo perfecto, con sus puentes salpicando los senderos y las fuentes, cada uno de los cuales ofrece una nueva vista del entorno.

Más allá de su función simbólica y estética, los puentes de los jardines japoneses son también testimonios de la ingeniería y la artesanía tradicionales. Construidos con gran atención al detalle, a menudo incorporan antiguas técnicas de construcción, como el uso de madera sin clavos, uniendo los materiales únicamente mediante intrincadas juntas. Además de bellas, estas estructuras son robustas y duraderas, y se integran en el paisaje de forma discreta pero duradera.

La inclusión de puentes en los jardines japoneses también refleja la influencia de la naturaleza en el arte de la jardinería. Al cruzar un puente, se puede oír el suave chapoteo del agua debajo, ver peces koi nadando tranquilamente u observar los reflejos de árboles y piedras en el agua. Esto invita a los visitantes a sumergirse por completo en la experiencia sensorial del jardín, a relajarse y apreciar la belleza simple y efímera del momento.

Por último, los puentes de los jardines japoneses suelen desempeñar una función práctica, facilitando el movimiento en espacios que pretenden reproducir la naturaleza al tiempo que ofrecen caminos practicables. Unen las distintas partes del jardín sin interrumpir el flujo del paisaje. Ya sea para contemplar linternas de piedra, llegar a un pabellón de té o simplemente cruzar un arroyo, estos puentes son elementos clave que enriquecen la experiencia global del jardín japonés, combinando utilidad, simbolismo y belleza en una sola estructura.

Hecho 62 - Los alumnos participan en clubes extraescolares

En Japón, los clubes extraescolares, conocidos como "bukatsu", son parte integrante de la vida estudiantil. Estas actividades extraescolares son mucho más que un pasatiempo: son una prolongación de la educación, donde los alumnos aprenden valores esenciales como la disciplina, el trabajo en equipo y la perseverancia. Los clubes abarcan una amplia gama de intereses, desde deportes como el béisbol, el judo o el kendo, hasta artes como la caligrafía, la música o el teatro. Cada club está dirigido por un profesor que, además de su función educativa, participa activamente en la formación de los alumnos.

La afiliación a un club suele considerarse un compromiso serio. Los estudiantes dedican varias horas a la semana, a veces incluso los fines de semana, a las actividades de su club. Esto requiere una verdadera dedicación, ya que el entrenamiento y los ensayos pueden ser intensivos. En un club de kendo, por ejemplo, los alumnos no sólo aprenden técnicas de combate; también se sumergen en los rituales y la etiqueta asociados a la práctica. Este nivel de implicación no sólo forja habilidades específicas, sino que también desarrolla la resistencia y la capacidad de trabajar duro para alcanzar objetivos.

Los clubes extraescolares también desempeñan un papel social crucial. Ofrecen a los estudiantes un espacio para hacer amigos y desarrollar relaciones fuera del entorno estrictamente académico. La interacción en los clubes permite a los estudiantes reforzar su sentido de comunidad y desarrollar su sociabilidad. Los vínculos que se forman en estos clubes suelen ser profundos y duraderos, ya que los estudiantes comparten experiencias intensas y retos comunes. Aprenden la importancia de la colaboración y el apoyo mutuo, habilidades que les serán muy valiosas a lo largo de su vida.

La importancia de los clubes extraescolares va más allá del desarrollo personal. También contribuyen a la vida escolar en general, participando en competiciones intercolegiales, festivales culturales y acontecimientos deportivos. Por ejemplo, los torneos de béisbol de los institutos, muy populares en Japón, atraen a miles de espectadores y son un acontecimiento para los equipos participantes. Estas competiciones ofrecen a los estudiantes una plataforma para mostrar su talento y representar con orgullo a su escuela, reforzando aún más su sentimiento de pertenencia.

Por último, la experiencia del club suele considerarse una preparación para la vida adulta. Enseña a los estudiantes a gestionar su tiempo con eficacia, a afrontar responsabilidades y a perseverar ante las dificultades. Al exponerse a retos y trabajar para superarlos, los estudiantes adquieren una confianza en sí mismos que va mucho más allá de las meras aptitudes académicas.

Hecho 63 - Los dispensadores de paraguas son habituales

En Japón, las máquinas expendedoras son omnipresentes, y entre los sorprendentes productos que ofrecen están las sombrillas. Ya sea para protegerse de la lluvia o del sol, estos dispensadores de sombrillas son una respuesta práctica a las necesidades cotidianas de los transeúntes. Sobre todo durante la temporada de lluvias, de junio a julio, estos aparatos se convierten en aliados indispensables. En cuestión de segundos, podrá comprar fácilmente un paraguas para que no le sorprenda un chaparrón repentino.

Estos dispensadores no sólo son prácticos, sino que también reflejan la importancia que la cultura japonesa concede a la comodidad y el servicio. Los paraguas que se ofrecen, a menudo de color transparente, están diseñados para ser asequibles y accesibles a todo el mundo. Se venden en estaciones de tren, a la entrada de tiendas e incluso en parques, por lo que son fáciles y rápidos de adquirir. Esta accesibilidad ilustra cómo Japón está adaptando su infraestructura urbana para satisfacer las necesidades cotidianas de sus ciudadanos.

La omnipresencia de dispensadores de paraguas es también un testimonio de la cultura japonesa de hospitalidad y atención al detalle. Los japoneses son famosos por su hospitalidad, y estas máquinas son una extensión de ella. Cuando llueve de forma inesperada, no es raro ver dispensadores de paraguas instalados temporalmente para que todo el mundo pueda protegerse de la lluvia sin gastar un dineral. Este enfoque proactivo y solidario contribuye a hacer más agradable la vida en la ciudad.

El fenómeno de los dispensadores de paraguas demuestra también el ingenio japonés para integrar soluciones sencillas en la vida cotidiana. En verano, estos distribuidores también pueden ofrecer sombrillas especialmente diseñadas para protegerse del sol, reduciendo el riesgo de quemaduras solares y proporcionando protección contra los rayos UV. Esta versatilidad de la oferta de los distribuidores de sombrillas demuestra su capacidad para adaptarse a las distintas estaciones y necesidades, lo que justifica y valora aún más su presencia.

Estos dispensadores de paraguas son sólo un ejemplo de cómo Japón consigue combinar tecnología, utilidad y respeto por las necesidades individuales. Son parte integrante de la experiencia urbana japonesa, donde la atención al detalle y la eficiencia están constantemente en el centro de la innovación. Para los visitantes extranjeros, descubrir un dispensador de paraguas es a menudo una agradable sorpresa, testimonio de la forma única en que Japón aborda los pequeños inconvenientes de la vida cotidiana con elegancia y sentido práctico.

Hecho 64 - Japón tiene una estación de lluvias bien definida

En Japón, la estación lluviosa, conocida como tsuyu, es un periodo distinto que marca el comienzo del verano. Suele producirse entre principios de junio y mediados de julio, y trae consigo una intensa humedad y precipitaciones casi diarias. A diferencia de otras partes del mundo, donde las precipitaciones son dispersas, el tsuyu se caracteriza por días consecutivos de precipitaciones, que dan a la atmósfera un tinte grisáceo y saturan el aire de humedad. Esta estación afecta a todo el archipiélago, desde la isla de Kyushu, en el sur, hasta Hokkaido, aunque esta última se ve menos afectada.

Durante el tsuyu, el cielo suele estar nublado y los chubascos van desde ligeras lloviznas a fuertes aguaceros repentinos. Este periodo no es sólo sinónimo de inconvenientes: desempeña un papel crucial en la agricultura japonesa. Los arrozales, por ejemplo, dependen de estas abundantes lluvias para asegurar un buen crecimiento del arroz que es el pilar de la dieta japonesa. Los paisajes se vuelven exuberantes y verdes, ofreciendo un espectáculo único a pesar del caprichoso clima.

Los japoneses se preparan para esta estación adaptando sus rutinas diarias: los paraguas, sobre todo los populares modelos transparentes, son omnipresentes, al igual que los impermeables y las botas de lluvia. En la ciudad, también se observa un aumento de las medidas para combatir la humedad, como el mayor uso de deshumidificadores en hogares y oficinas. Los edificios modernos suelen estar diseñados con sistemas de drenaje eficaces para evitar las inundaciones urbanas, habituales en esta época.

Aunque el tsuyu pueda parecer monótono, también tiene su encanto. Los jardines y parques se adornan con hortensias, o ajisai, que florecen abundantemente bajo la lluvia, ofreciendo brillantes colores azul, morado y rosa. Estas flores son emblemáticas de la estación, y su belleza bajo las gotas de lluvia atrae a muchos visitantes a templos y jardines famosos por sus ajisai, como el templo Meigetsu-in de Kamakura.

La estación lluviosa es también una época en la que aflora la cultura japonesa de la paciencia y la adaptación. No se dejan abatir por el mal tiempo, sino que integran estas semanas lluviosas en su ritmo de vida, deleitándose con actividades de interior como la ceremonia del té o contemplando jardines bajo la lluvia. De este modo, el tsuyu se convierte en parte integrante de la identidad estacional de Japón, un recordatorio anual de la belleza y el poder de la naturaleza.

Hecho 65 - Los bosques de bambú son impresionantes

Los bosques de bambú de Japón, en particular el bosque de Arashiyama en Kioto, son lugares de serenidad y belleza natural que cautivan a los visitantes por su ambiente único. Al entrar en estos bosques, uno queda inmediatamente impresionado por los inmensos tallos de bambú que se elevan hacia el cielo, creando un denso dosel que filtra la luz del sol en un suave resplandor verde. Caminar entre estos gigantes parece casi irreal, como si se hubiera entrado en un mundo diferente, alejado del ajetreo de la vida moderna.

Además de su elegancia visual, el bambú desempeña un papel importante en la cultura japonesa. A menudo se asocia con la fuerza y la resistencia, ya que la planta crece rápidamente y puede soportar condiciones adversas, como fuertes vientos y tormentas. El sonido del viento corriendo entre los tallos, acompañado del sutil crujido del bambú al chocar, crea una relajante sinfonía natural que hace que la experiencia sea aún más envolvente.

Históricamente, el bambú se ha utilizado de múltiples formas en Japón, desde la construcción a la artesanía, pasando por la cocina. Con los tallos se fabrican cestas, vallas e incluso instrumentos musicales como el shakuhachi, una flauta tradicional. El bambú también está muy presente en la cocina japonesa, en forma de brotes comestibles, takenoko, a menudo cocinados en platos de temporada, que añaden una textura crujiente y un sutil sabor.

Los bosques de bambú no son sólo maravillas naturales, sino también parte integrante de muchos jardines y santuarios zen. Estos espacios están diseñados para inspirar la reflexión y la meditación, en armonía con la filosofía budista y sintoísta. El sinuoso camino a través del bambú de Sagano, por ejemplo, conduce a varios templos y santuarios, ofreciendo un viaje tanto espiritual como visual.

Tanto para los japoneses como para los turistas, estos bosques representan un remanso de paz y contemplación, un recordatorio de la armonía que el ser humano puede alcanzar coexistiendo con la naturaleza. Los bosques de bambú de Japón no sólo sorprenden por su impresionante belleza; cuentan una antigua historia de la conexión entre el ser humano y el mundo natural, arraigada en la cultura y las tradiciones del país.

Hecho 66 - Japón recicla la mayor parte de sus residuos

Japón es famoso por su impresionante eficacia en la gestión de residuos, con una de las tasas de reciclaje más altas del mundo. Este éxito se basa en un riguroso sistema de clasificación de residuos que los japoneses siguen escrupulosamente. En cada hogar, los residuos se clasifican en varias categorías: plásticos, latas, papel, botellas de vidrio y residuos combustibles. Cada tipo de residuo tiene un día de recogida específico, lo que requiere una organización precisa y un esfuerzo colectivo constante.

Este planteamiento no se limita al hogar. En los espacios públicos, a menudo no hay papeleras, y los japoneses se llevan sus residuos a casa para clasificarlos correctamente. En las grandes ciudades, cuando hay papeleras, están claramente marcadas para cada tipo de residuo, y fomentar la correcta clasificación es esencial para el proceso de reciclaje. Esta disciplina colectiva refleja una cultura de respeto al medio ambiente y a la comunidad muy arraigada en la sociedad japonesa.

El reciclaje no se limita a materiales cotidianos como el papel y el plástico. En Japón, incluso los residuos electrónicos, como teléfonos o electrodomésticos viejos, se recogen y reciclan para recuperar metales preciosos y otros materiales reutilizables. El país se asegura de que estos artículos no acaben en el vertedero, sino que se reutilicen o reprocesen de forma responsable. Se trata de un ejemplo notable del compromiso de Japón con la reducción de su huella ecológica.

La importancia del reciclaje en Japón también puede verse en las iniciativas locales. En la pequeña ciudad de Kamikatsu, por ejemplo, los residentes clasifican sus residuos en 45 categorías diferentes. Este modelo de clasificación extrema pretende minimizar la cantidad de residuos que se envían a incineradoras o vertederos. Gracias a estos esfuerzos, la ciudad va camino de convertirse en "basura cero", un ambicioso objetivo que está inspirando a otras regiones de Japón y del mundo.

Este compromiso nacional con el reciclaje se apoya en una educación continua sobre la gestión de residuos, que comienza en la escuela primaria. A los niños se les enseña la importancia del reciclaje y las prácticas respetuosas con el medio ambiente, reforzando los hábitos de vida sostenibles desde una edad temprana. Este modelo educativo ayuda a crear generaciones conscientes de su impacto en el planeta, perpetuando la cultura del reciclaje en los años venideros.

Hecho 67 - Las campanas de viento se cuelgan en verano

Las campanillas de viento, o "furin" en japonés, son una tradición estival en Japón, símbolo de frescura y del paso de la estación calurosa. Estos pequeños objetos de cristal, metal o cerámica producen un delicado sonido cuando la brisa los agita, aportando una sensación de frescor en el pesado aire estival. Colgados de ventanas, verandas o jardines, son un recordatorio visual y sonoro de los suaves vientos estivales.

Las campanas de viento se remontan al periodo Edo, cuando se utilizaron por primera vez en los templos budistas para ahuyentar a los malos espíritus. Su suave tintineo, percibido como tranquilizador, se extendió después a los hogares. Hoy, el furin no es sólo un adorno, sino también un símbolo de paz y serenidad, que invita a los japoneses a bajar el ritmo y apreciar la sencilla belleza del verano.

Las campanas de viento varían en forma y decoración, a menudo pintadas a mano con motivos que evocan el verano, como flores, peces o escenas de la naturaleza. Cada una tiene un pequeño trozo de papel colgante, llamado "tanzaku", que amplifica el sonido al atrapar el viento. Los tanzaku se decoran a veces con poemas o deseos, lo que añade una dimensión personal y poética a cada furin.

Durante los festivales de verano, las campanas de viento están por todas partes, colgadas en calles y casas, contribuyendo al ambiente festivo. Por ejemplo, el Festival Furin de Kawasaki atrae cada año a miles de visitantes, que vienen a admirar y comprar campanas de viento de distintas regiones de Japón. Es un momento en el que todo el mundo puede escuchar el concierto natural de estas campanas y dejarse llevar por la melodía del viento.

El furin encarna a la perfección la esencia de la cultura japonesa: atención al detalle, respeto por las estaciones y búsqueda constante de la armonía con la naturaleza. Colgar un carillón de viento en verano no sólo decora tu casa, sino que te conecta con una tradición ancestral que aporta paz y consuelo a través del simple sonido del viento.

Hecho 68 - Los brotes de bambú crecen muy rápido

Los brotes de bambú se encuentran entre las plantas de crecimiento más rápido del mundo, alcanzando tasas de crecimiento increíbles. En Japón, algunas variedades de bambú pueden crecer hasta un metro en un solo día. Este rápido crecimiento es visible a simple vista, y no es raro que los fascinados lugareños midan a diario el progreso de estos tallos verdes que se abren paso a través de la tierra.

Esta velocidad de vértigo es posible gracias a la estructura única de las células del bambú, que se estiran rápidamente en lugar de multiplicarse. Cada brote ya está preprogramado para alcanzar cierta altura y, gracias a la cantidad de agua que puede absorber, aprovecha al máximo cada gota para crecer a una velocidad asombrosa. Los bosques de bambú, como los de Arashiyama, cerca de Kioto, son testimonio vivo de este asombroso crecimiento.

En la cultura japonesa, el bambú se asocia a menudo con la fuerza y la flexibilidad. Su capacidad para crecer rápidamente y doblarse sin romperse lo convierte en un símbolo de resistencia y adaptación. Los brotes de bambú, conocidos como "takenoko", también son muy apreciados en la cocina japonesa, y se recolectan cada primavera para utilizarlos en diversos platos tradicionales. Su dulzura y textura crujiente los convierten en un popular manjar de temporada, lo que añade otra dimensión a su importancia cultural.

Los bambúes también desempeñan un papel ecológico crucial, ya que ayudan a estabilizar los suelos y a reducir la erosión. Su rápido crecimiento les permite cubrir rápidamente zonas deforestadas y restablecer el equilibrio del ecosistema. En algunas zonas de Japón se plantan bambúes intencionadamente para evitar los corrimientos de tierra, lo que demuestra una vez más la utilidad multifuncional de esta asombrosa planta.

Ver crecer los brotes de bambú es una experiencia casi meditativa. En pocas semanas, un pequeño brote se transforma en un majestuoso gigante verde, subrayando el poder de la naturaleza y la rapidez con que puede renovarse. Para los japoneses, los brotes de bambú no son sólo un impresionante espectáculo natural, sino también un recordatorio constante de la fuerza vital que reside en el mundo que les rodea.

Hecho 69 - Los escolares japoneses cantan el himno todas las mañanas

Todas las mañanas, en las escuelas japonesas, los alumnos se reúnen para cantar el himno nacional, "Kimigayo". Este ritual, profundamente arraigado en el sistema educativo, pretende inculcar a los alumnos un sentido de unidad y disciplina desde una edad temprana. Kimigayo", uno de los himnos más cortos del mundo, se canta con profunda solemnidad, simbolizando tanto la tradición como el apego a la nación.

El himno suena antes del comienzo de las clases, a menudo acompañado del izado de la bandera japonesa. Los alumnos permanecen erguidos en silencio, observando un momento de respeto antes de cantar la letra. Este canto diario es más que un simple deber; es un momento de unión en el que todos, ya sean niños o profesores, participan en un acto colectivo que refuerza la identidad nacional.

Cantar el himno es también una oportunidad de aprendizaje. Los niños aprenden a cantar juntos, a sincronizar sus voces y a comprender el significado de las palabras. "Kimigayo" habla de eternidad y prosperidad, conceptos que, incluso simplificados, llegan a las mentes jóvenes y las conectan con la historia y los valores de Japón. La canción pretende transmitir una sensación de continuidad entre generaciones.

Esta práctica no está exenta de debate, ya que también afecta a cuestiones de patriotismo y educación cívica. Algunos padres y educadores creen que cantar el himno cada mañana puede reforzar una forma de nacionalismo, mientras que otros lo ven simplemente como un acto de respeto a la cultura y la tradición. A pesar de estos debates, la mayoría de las escuelas mantienen esta costumbre, que se considera parte esencial de la rutina escolar.

Para los escolares japoneses, cantar es una parte natural de su día, igual que las clases o los recreos. Supone una pausa en el ajetreo de la vida escolar cotidiana, un momento de calma y reflexión colectiva antes de sumergirse en las actividades de aprendizaje. Por eso, cantar el himno cada mañana es algo más que una obligación: es un recordatorio diario de su lugar en la sociedad y de la importancia de los valores compartidos.

Hecho 70 - Los pasteles de mochi son resbaladizos y elásticos

Los pasteles mochi, dulces tradicionales japoneses, se distinguen por su textura única: resbaladiza, elástica y casi pegajosa. Hecho de arroz glutinoso, llamado mochigome, cocido y machacado hasta obtener una pasta suave y maleable. Este proceso confiere al mochi su característica consistencia elástica, que convierte cada bocado en una experiencia sensorial especial. La textura es un auténtico desafío para las papilas gustativas, ya que el mochi se adhiere al paladar mientras se derrite lentamente.

La elaboración del mochi, especialmente durante ceremonias tradicionales como el Mochitsuki, es un verdadero espectáculo. El arroz se bate con grandes mazos de madera en un mortero de piedra, un trabajo de equipo que requiere fuerza y sincronización. A la masa resultante se le da forma de pequeños pasteles redondos, a veces rellenos de una pasta dulce de judías rojas llamada anko. La flexibilidad del mochi simboliza la fuerza y la resistencia, cualidades muy valoradas en la cultura japonesa.

El mochi no es un simple postre. También se come en muchas festividades, incluida la Nochevieja, cuando adquiere un significado simbólico. Durante este periodo, la gente prepara kagami mochi, pilas de dos o tres mochi coronadas con una mandarina, que representan la continuidad y la prosperidad. Así pues, el mochi es mucho más que un sabroso manjar: es portador de un significado, profundamente arraigado en las tradiciones japonesas.

Sin embargo, la textura del mochi a veces puede plantear peligros inesperados. Por su elasticidad y tendencia a pegarse, estos pasteles pueden ser difíciles de masticar y tragar, sobre todo para las personas mayores o los niños. Todos los años se registran accidentes, lo que recuerda a todo el mundo que disfrutar del mochi requiere cierta precaución. Para los japoneses, este riesgo es bien conocido y forma parte integrante de la experiencia culinaria.

A pesar de ello, el mochi sigue siendo un dulce muy apreciado, con multitud de variaciones y sabores, desde el simple mochi blanco sin relleno hasta versiones más coloridas y sofisticadas, cubiertas de fruta u otros ingredientes modernos. Ya sea en templos, festivales o tiendas de postres, el mochi sigue seduciendo con su inimitable textura y delicado sabor, al tiempo que lleva consigo un pedazo del alma japonesa.

Hecho 71 - En los templos budistas hay estatuas gigantes

Los templos budistas de Japón son famosos por albergar imponentes estatuas de Buda, auténticos símbolos de espiritualidad y devoción religiosa. Entre las más impresionantes se encuentra el Daibutsu del templo Tōdai-ji de Nara, una colosal estatua de bronce de 15 metros de altura que representa a Vairocana, el Buda Cósmico. Esta obra maestra, terminada en el siglo VIII, no es sólo una proeza artística, sino también un testimonio de la fe budista que impregna la historia de Japón.

Las estatuas gigantes, a menudo de bronce o madera lacada, son más que obras de arte; encarnan figuras sagradas a las que los fieles acuden a rendir homenaje. El Gran Buda de Kamakura, situado en el templo Kōtoku-in, es otro icono de visita obligada. Con 13,35 metros de altura y unas 93 toneladas de peso, esta estatua de Amida Nyorai se alza majestuosa al aire libre, después de que el edificio que la albergaba fuera destruido por un tsunami en el siglo XV. Hoy atrae a millones de visitantes fascinados por su serenidad y grandeza.

La construcción de estas estatuas requirió habilidades excepcionales y recursos considerables. En el momento de su creación, cada estatua requería docenas de artesanos, donaciones colosales y años de minucioso trabajo. Para erigir el Daibutsu en Nara, por ejemplo, se necesitaron toneladas de bronce, laca y oro, testimonio del compromiso de las comunidades implicadas en estos proyectos sagrados. El acabado en pan de oro de estatuas como la de Tōdai-ji añade un toque de majestuosidad, reflejando la luz de forma divina.

Estas estatuas gigantes se incorporan a menudo a rituales y festivales budistas, donde se convierten en puntos focales para la oración y la meditación. Son admiradas no sólo por su tamaño y artesanía, sino también por la calma y la reflexión que inspiran. Tanto devotos como turistas quedan cautivados por el aura de paz y sabiduría que emana de estas figuras monumentales. Su imponente presencia recuerda a todos la importancia de la espiritualidad en la vida cotidiana japonesa.

Los templos budistas japoneses, rodeados de jardines y estructuras de madera, ofrecen un entorno apacible en el que exhibir estas majestuosas estatuas. Tanto en las grandes ciudades como en el corazón del campo, estas gigantescas estatuas siguen fascinando, simbolizando el profundo vínculo entre la cultura japonesa y el budismo, y sirviendo como hitos espirituales para generaciones de devotos y visitantes de todo el mundo.

Hecho 72 - Los trenes japoneses siempre son puntuales

Los trenes japoneses son famosos en todo el mundo por su excepcional puntualidad, y esta reputación está bien fundada. Ya se trate de trenes locales, trenes de alta velocidad como el Shinkansen o metros urbanos, la precisión de los horarios es una norma absoluta. Los retrasos son escasos y, cuando se producen, suelen medirse en segundos y no en minutos. Las compañías ferroviarias incluso se disculpan públicamente cuando se producen retrasos de unos pocos segundos, lo que ilustra la importancia de la puntualidad en la cultura japonesa.

Esta precisión es el resultado de una organización meticulosa y una tecnología avanzada. Sofisticados sistemas de señalización, estrictos controles de horarios y una rigurosa formación de los conductores contribuyen a mantener esta puntualidad sin rival. Por ejemplo, el Shinkansen, que une Tokio con Osaka en sólo dos horas y media, tiene un retraso medio anual inferior a un minuto. Este impresionante récord no es sólo una proeza técnica, sino también un testimonio de la disciplina y dedicación de los equipos que gestionan las redes ferroviarias.

La puntualidad de los trenes en Japón tiene implicaciones prácticas para la vida cotidiana de los japoneses. Permite a los viajeros planificar sus desplazamientos con una certeza casi absoluta. Escolares, oficinistas e incluso turistas pueden contar con salidas y llegadas precisas, lo que reduce considerablemente el estrés asociado al transporte. Las estaciones, por su parte, se organizan para facilitar las conexiones y minimizar los tiempos de espera, haciendo que el viaje sea lo más fluido posible.

La puntualidad no es sólo un problema de los trenes de alta velocidad. En metrópolis como Tokio, donde los trenes de cercanías transportan a millones de personas cada día, la precisión es igual de crucial. En hora punta, los trenes llegan cada pocos minutos y cada segundo cuenta para evitar atascos. Esta sincronización impecable es esencial para el buen funcionamiento de una ciudad tan densa y dinámica como Tokio, donde los usuarios del transporte público dependen de esta regularidad para sus actividades diarias.

Más allá de la eficiencia, la puntualidad de los trenes japoneses refleja un valor cultural muy arraigado: el respeto por el tiempo de los demás. En una sociedad en la que la cortesía y el respeto mutuo son esenciales, el compromiso de mantener horarios precisos demuestra consideración por todos los pasajeros, que dependen de estos trenes para pasar el día. Esta atención al detalle, arraigada en la cultura japonesa, hace de los trenes algo más que un medio de transporte, sino un símbolo de fiabilidad y compromiso con la comunidad.

Hecho 73 - Los animales de los parques urbanos están domesticados

En los parques urbanos de Japón, los animales tienen una característica encantadora: suelen ser mansos y estar acostumbrados a la presencia humana. Esto incluye especies como palomas, tortugas, peces koi e incluso cuervos, mucho más amistosos que en otros lugares. Este comportamiento dócil es el resultado de la interacción respetuosa de los visitantes con estas criaturas, fomentada por una cultura que valora la armonía con la naturaleza. Las familias y los niños les dan de comer con regularidad, creando una relación de confianza que permite a los animales acercarse sin miedo.

Los parques de Tokio, como Ueno y Yoyogi, son ejemplos perfectos de este fenómeno. Los pájaros se posan sin vacilar en los bancos ocupados por los paseantes, y las ardillas retozan libremente, acercándose a veces a los visitantes para pedirles golosinas. Hecho que forma parte de la experiencia de los parques urbanos japoneses, ofrece a los citadinos un raro momento de conexión con la naturaleza en plena ciudad.

Esta relación de mansedumbre se extiende más allá de las aves y los animales pequeños. Algunos parques tienen incluso ciervos en libertad, como en Nara, donde estos animales no sólo están domesticados, sino también profundamente integrados en la vida cotidiana del parque. Los ciervos de Nara, por ejemplo, se inclinan cortésmente para saludar a los visitantes a cambio de galletas vendidas especialmente para ellos, lo que demuestra hasta qué punto estas interacciones han sido refinadas por el tiempo y la costumbre.

Los animales de los parques urbanos japoneses también están protegidos por estrictas normas que prohíben comportamientos perturbadores. Es frecuente ver carteles que recuerdan a los visitantes que no deben dar a los animales comida inapropiada ni asustarlos. Este respeto mutuo es otra faceta de la forma en que los japoneses valoran la convivencia con los seres vivos. Desde pequeños, se enseña a los niños a tratar con delicadeza a estos animales, una lección que pasa a formar parte de la vida cotidiana y se refleja en la tranquilidad de los parques.

La domesticación de animales en los parques urbanos japoneses ofrece una valiosa lección sobre la interacción armoniosa entre el ser humano y la vida salvaje. Este equilibrio no sólo crea un entorno pacífico para los residentes locales, sino también una atracción única para los turistas. Los parques se convierten en santuarios de calma donde es posible observar de cerca el comportamiento natural de los animales, lo que refuerza el aprecio y el respeto por la vida salvaje en un entorno urbano. Esta cohabitación de naturaleza y urbanidad es un reflejo de la filosofía japonesa de vivir en armonía con el mundo natural que les rodea.

Hecho 74 - Los japoneses a veces duermen en futones

En Japón, el futón es mucho más que un colchón: es una auténtica tradición que forma parte integrante del arte de vivir japonés. El futón, compuesto por un colchón fino y un edredón, se coloca directamente sobre el suelo cubierto de tatami, las esteras de paja trenzada que forman el revestimiento tradicional de las casas japonesas. Cada noche, los japoneses extienden su futón para pasar la noche y lo pliegan por la mañana, liberando el espacio para otras actividades. Este ritual diario maximiza el uso del espacio en las pequeñas viviendas urbanas, donde cada metro cuadrado cuenta.

El futón ofrece un soporte firme y se adapta a la forma del cuerpo, lo que es de agradecer por sus beneficios para la espalda. A diferencia de las camas occidentales, no tiene somier, lo que favorece una postura más natural al dormir. Los japoneses creen que este método de dormir contribuye a un sueño reparador y a una mejor salud. Además, la tradición del futón también permite la ventilación natural del colchón, ya que suele colocarse al aire libre para evitar la humedad y los ácaros del polvo.

Los futones suelen fabricarse con materiales naturales como el algodón o la seda, que ofrecen comodidad transpirable en todas las estaciones. En invierno, los futones se hacen más gruesos o se forran con mantas de lana para retener el calor, mientras que en verano se utilizan versiones más ligeras para evitar el sobrecalentamiento durante las calurosas y húmedas noches de la estación estival japonesa. Esta adaptabilidad estacional demuestra lo bien diseñados que están los futones para encajar en el variado clima de Japón.

Dormir en un futón es también un vínculo con la cultura tradicional, que a menudo se enseña desde una edad temprana. Incluso en las casas modernas, no es infrecuente encontrar una habitación dedicada en la que se pueden desplegar futones para los invitados o para aquellos momentos en los que se desea volver a una forma de descanso más tradicional. Esta vuelta a las raíces ofrece una sencillez y un encanto que atrae a muchos japoneses, incluso frente a estilos de vida cada vez más modernos.

La popularidad del futón persiste porque representa un equilibrio perfecto entre tradición y practicidad. En los hoteles ryokan, las posadas tradicionales japonesas, a menudo se ofrece a los visitantes la experiencia de dormir en un futón para permitirles vivir una auténtica inmersión en la cultura japonesa. De este modo, el futón sigue simbolizando una parte esencial de la identidad japonesa, al tiempo que se adapta a las necesidades contemporáneas, ilustrando hasta qué punto las prácticas ancestrales siguen teniendo cabida en la vida cotidiana moderna.

Hecho 75 - Las hojas de arce se vuelven rojas en otoño

El otoño en Japón está marcado por un espectáculo natural sobrecogedor: las hojas de los arces, conocidas como momiji, se tiñen de rojos brillantes, naranjas vibrantes y amarillos luminosos. Esta transformación, conocida como koyo, es un fenómeno muy esperado, al igual que la floración de los cerezos en primavera. Montañas, parques y templos se engalanan con estos resplandecientes colores, atrayendo a miles de visitantes que acuden a admirar la belleza de esta estación. Es un momento para la contemplación, en el que la naturaleza ofrece un espectáculo efímero, recordando la noción de belleza pasajera tan apreciada en la cultura japonesa.

Los japoneses celebran este cambio de estación practicando el momijigari, literalmente "caza de la hoja roja". Se trata de una tradición que consiste en acudir a lugares famosos por sus arces para observar y apreciar los colores otoñales. Lugares emblemáticos como Kioto, con sus numerosos templos rodeados de arces, se están convirtiendo en destinos populares para esta actividad. Los arces del templo Tofuku-ji, por ejemplo, son especialmente famosos por sus brillantes tonalidades, que parecen incendiar las colinas circundantes.

Los arces japoneses, cuyas variadas especies ofrecen una paleta de colores que van del morado intenso al dorado, desempeñan un papel esencial en esta experiencia visual. Su follaje finamente recortado y su capacidad para reflejar la luz crean paisajes que parecen vibrar bajo los rayos del sol otoñal. El contraste con las estructuras tradicionales, como los pabellones de té o los puentes de madera, añade una dimensión estética que sublima la armonía entre el hombre y la naturaleza, un valor profundamente arraigado en la filosofía japonesa.

La transformación de las hojas de arce no es sólo un festín para la vista, sino también una fuente de inspiración para la cocina de temporada. Las hojas de momiji se fríen a veces en tempura, aportando un sabor crujiente y un toque de color otoñal a la mesa japonesa. Además, se organizan muchos festivales y eventos en torno al tema del otoño, celebrando la belleza de las hojas rojas con iluminaciones nocturnas que resaltan los brillantes reflejos de los arces en el agua.

El atractivo de las hojas de arce en otoño trasciende las fronteras de Japón y sigue fascinando a visitantes de todo el mundo. Los vibrantes paisajes y la serenidad que inspiran son un recordatorio de la importancia de la naturaleza en la cultura japonesa, y de la íntima conexión que los japoneses tienen con las estaciones. Los arces rojos no son sólo una atracción visual; son un símbolo de la fragilidad y la belleza fugaz de la vida, un tema universal que tiene una resonancia particular en Japón.

Hecho 76 - Los peces voladores existen de verdad en Japón

En Japón, los peces voladores, conocidos como "tobiuo" en japonés, son una curiosidad natural que asombra a grandes y pequeños. Estos peces, que pueden verse sobre todo en las cálidas aguas del océano Pacífico que rodean las islas japonesas, tienen una habilidad asombrosa: pueden saltar fuera del agua y planear distancias de hasta 200 metros. Para escapar de los depredadores, despliegan sus grandes aletas pectorales como si fueran alas, lo que les permite planear por el aire de forma espectacular.

Estas criaturas no vuelan como las aves, pero su capacidad para saltar y planear es impresionante. Cuando un pez volador salta, puede alcanzar una altura de 1,2 metros sobre el agua. Este salto suele ir precedido de un rápido nado, en el que utilizan la cola como timón, aleteando frenéticamente para ganar suficiente velocidad antes de despegar. Esta técnica, que combina agilidad y velocidad, es un excelente medio de supervivencia en aguas llenas de depredadores.

El tobiuo no sólo es fascinante de observar, sino que también desempeña un papel importante en la cocina japonesa. Se utiliza para hacer "dashi", un caldo básico esencial en la gastronomía del país. A menudo se añade pez volador seco al dashi, lo que le confiere un rico y delicado sabor umami muy apreciado en sopas y salsas. Este caldo es un ingrediente fundamental que ilustra la importancia del marisco en la cultura culinaria japonesa.

Estos peces también ocupan un lugar en la cultura popular japonesa, donde su imagen se utiliza a veces como símbolo de perseverancia y libertad, debido a su capacidad para escapar del mundo acuático y "volar" temporalmente. En algunas regiones, incluso se les celebra en festivales o se les representa en objetos de artesanía, lo que subraya su fuerte presencia en el imaginario colectivo japonés.

La presencia de peces voladores en Japón atestigua la rica biodiversidad marina que rodea al archipiélago. Su capacidad para navegar tanto en el agua como en el aire encarna la dualidad y la adaptación, cualidades a menudo valoradas en la filosofía japonesa. Ya sea por su belleza en vuelo o por su utilidad culinaria, el tobiuo sigue cautivando la atención de japoneses y visitantes, que se dejan hechizar por este espectáculo natural único.

Hecho 77 - Los niños participan en carreras deportivas

En Japón, los niños participan regularmente en actividades deportivas, y las carreras son parte integrante de su educación física. Estas carreras, a menudo organizadas durante las "undōkai" o jornadas deportivas escolares, son eventos anuales en los que los alumnos compiten en diversas pruebas de atletismo. Estas jornadas son muy esperadas por los niños y sus familias, ya que ofrecen una oportunidad única para demostrar espíritu de equipo, perseverancia y camaradería.

Las carreras deportivas varían en complejidad según la edad de los participantes. Para los más pequeños, hay simples carreras de velocidad sobre distancias cortas. A medida que crecen, los niños participan en carreras de relevos y obstáculos, en las que la coordinación y la estrategia desempeñan un papel importante. Estas carreras están diseñadas para ser accesibles y alentadoras, de modo que todos los alumnos puedan participar y dar lo mejor de sí mismos.

Los undōkai no son solo competiciones, sino también momentos de gran celebración comunitaria. Los padres, que a menudo son invitados, acuden a animar a sus hijos y a veces participan en carreras familiares. Estos eventos refuerzan los lazos entre alumnos, profesores y padres, al tiempo que celebran la importancia de la actividad física y el deporte en el desarrollo de los jóvenes. Las actuaciones suelen ir seguidas de ceremonias de entrega de medallas o certificados, que reconocen el esfuerzo y el compromiso.

Las carreras deportivas son también una oportunidad para que los niños aprendan valores como el juego limpio, la ayuda mutua y la disciplina. En los relevos, por ejemplo, cada miembro del equipo tiene que dar lo mejor de sí mismo para el grupo, lo que inculca un fuerte sentido de la responsabilidad colectiva. Este tipo de competición les enseña que ganar es gratificante, pero que el camino hasta llegar allí, lleno de esfuerzo y cooperación, es igual de importante.

Las carreras deportivas japonesas, más allá de su aspecto físico, desempeñan un papel crucial en la formación del carácter de los niños. Les ofrecen retos que superar, victorias que celebrar y derrotas que aceptar con dignidad. Al participar en estas actividades desde una edad temprana, los niños adquieren habilidades y actitudes que les acompañarán toda la vida, reforzando su capacidad de recuperación y de trabajo en equipo.

Hecho 78 - Los wagashi son dulces artísticos

Los wagashi, esos delicados dulces japoneses, son mucho más que simples golosinas. Encarnan un verdadero arte culinario que combina estética y sabores sutiles. Elaborados con ingredientes naturales como arroz glutinoso, judías rojas, azúcar y agar-agar, los wagashi suelen tener formas que recuerdan a flores, hojas u otros elementos de la naturaleza, reflejando las estaciones y el entorno. Cada wagashi se elabora meticulosamente para que no sólo sea delicioso, sino también agradable a la vista, creando una experiencia completa para el degustador.

Estos dulces tienen una larga historia que se remonta al periodo Heian (794-1185), cuando se servían en las ceremonias del té y las celebraciones aristocráticas. Con el tiempo, las técnicas de fabricación se fueron perfeccionando, lo que permitió a los artesanos crear formas cada vez más complejas y texturas variadas. Por ejemplo, el nerikiri, una pasta suave y colorida, se utiliza para tallar wagashi que representan motivos estacionales, como flores de cerezo en primavera u hojas de arce en otoño, con cada detalle cuidadosamente trabajado a mano.

La elaboración de los wagashi requiere una gran destreza y un profundo conocimiento de los ingredientes. Cada paso, desde la cocción de las alubias rojas para hacer una pasta dulce hasta la creación de los delicados diseños, requiere precisión y paciencia. Los artesanos del wagashi, a menudo formados durante años, consideran su trabajo una forma de expresión artística. Utilizan herramientas especiales para dar forma y pintar cada dulce, garantizando que cada pieza sea única y respetando al mismo tiempo las tradiciones ancestrales.

Los wagashi no son sólo caprichos para el paladar; también están diseñados para estar en armonía con los momentos y acontecimientos a los que acompañan. Durante la ceremonia del té, por ejemplo, la elección de los wagashi está en consonancia con la estación y el estado de ánimo del momento, ofreciendo un descanso dulce que complementa el sabor amargo del té matcha. Los colores, las formas e incluso la textura de los wagashi se seleccionan para evocar sensaciones y recuerdos, convirtiendo cada degustación en una experiencia sensorial.

Además de su belleza y delicado sabor, los wagashi son también una expresión cultural profundamente arraigada en la sociedad japonesa. Suelen regalarse, sobre todo cuando se visita a amigos o familiares, como símbolo de hospitalidad y gratitud. Ya sea para celebrar festivales tradicionales o para marcar el cambio de estación, los wagashi desempeñan un papel importante en los rituales japoneses, recordando a todos la importancia de saborear la fugaz belleza de la vida, como la flor del cerezo.

Hecho 79 - Las calles japonesas suelen ser muy estrechas

Las calles japonesas, sobre todo en las zonas más antiguas de ciudades como Tokio y Kioto, son conocidas por su notable estrechez. Estos pasajes, a menudo apenas lo bastante anchos para que pase un coche, son testimonio de una época en la que la vida cotidiana se llevaba a cabo a pie o en bicicleta, mucho antes de la llegada de los vehículos motorizados. La estrechez de estas calles permitía aprovechar al máximo el espacio en zonas urbanas densamente pobladas, donde cada centímetro cuadrado era valioso.

Esta característica urbana tiene sus raíces en la historia de Japón, donde las ciudades se desarrollaron en torno a castillos y centros comerciales. Las calles se diseñaron para los peatones y los carros tirados por animales, no para los coches. En Kioto, por ejemplo, muchas calles se remontan al periodo Edo (1603-1868), cuando se hacía hincapié en la eficiencia del espacio y la protección contra los intrusos, y las calles estrechas desempeñaban un papel estratégico para ralentizar los movimientos de los posibles atacantes.

Navegar por estas estrechas calles puede resultar una experiencia confusa para los visitantes. El laberinto de callejuelas a menudo parece interminable, con intersecciones que parecen todas iguales. Sin embargo, esta configuración también contribuye a un encanto único, creando barrios donde la proximidad fomenta la interacción social. Pequeñas boutiques, restaurantes escondidos y casas tradicionales anidan a lo largo de estos sinuosos caminos, ofreciendo descubrimientos inesperados a la vuelta de cada esquina.

Sin embargo, esta estructura urbana plantea retos contemporáneos. Los vehículos modernos, sobre todo los camiones de reparto y los coches, suelen tener dificultades para circular por estos espacios estrechos. Los servicios de emergencia, como los bomberos, tienen que utilizar vehículos especialmente diseñados para circular por estas calles, y a veces emplean motocicletas o escaleras portátiles para llegar a lugares de difícil acceso. A pesar de estas dificultades, los residentes han sabido adaptar su estilo de vida, favoreciendo medios de transporte compactos como patinetes y bicicletas.

Las estrechas calles de las ciudades japonesas son mucho más que un simple rasgo arquitectónico. Cuentan la historia de un desarrollo urbano que se ha adaptado a limitaciones geográficas y culturales específicas. Estos pasajes, a veces bordeados de farolillos de papel y plantas en macetas, ofrecen un sorprendente contraste con los amplios bulevares de las metrópolis modernas, recordándonos que el espacio puede utilizarse de forma creativa para mantener una armonía entre tradición y modernidad.

Hecho 80 - Los toriis flotantes son exclusivos de Miyajima

Miyajima, una pequeña isla cercana a Hiroshima, alberga uno de los símbolos más emblemáticos de Japón: el torii flotante del santuario de Itsukushima. Este torii, que parece emerger del agua con la marea alta, crea la ilusión de estar suspendido sobre el mar. Esta majestuosa vista, con el torii bañado en agua, se considera a menudo una de las tres vistas más bellas de Japón, y atrae a visitantes de todo el mundo.

El torii flotante de Miyajima no es sólo un espectáculo visual, también tiene un profundo significado espiritual. En la cultura sintoísta, los toriis marcan la entrada a los santuarios sagrados, separando el mundo profano del reino sagrado de los kami, o espíritus divinos. En Miyajima, este torii se alza orgulloso frente al santuario de Itsukushima, como una puerta al mundo de las divinidades marinas. Su posición en el agua simboliza la pureza y el respeto a las deidades del mar.

El santuario de Itsukushima y sus torii flotantes datan del siglo XII, durante el reinado de Taira no Kiyomori, un poderoso señor de la guerra del periodo Heian. Kiyomori, ferviente creyente del sintoísmo, mandó construir este santuario en homenaje a los kami que protegían a marineros y pescadores. La estructura actual del torii, de madera de alcanfor, data de 1875 y tiene casi 16 metros de altura. Está fijado al lecho marino por su propio peso, sin anclaje, por lo que permanece en su sitio incluso frente a las mareas.

Este torii no sólo es una obra maestra de la ingeniería, sino que también encarna el ingenio y el respeto de los antiguos japoneses por la naturaleza y los elementos. Con la marea baja, los visitantes pueden acercarse al torii y admirarlo de cerca, tocando los enormes pilares que lo sostienen. Con la marea alta, el torii vuelve a ser inaccesible, flotando majestuosamente, como para recordarnos la distancia entre el hombre y las divinidades.

La belleza de este torii flotante inspira serenidad y contemplación. Turistas y peregrinos acuden en masa para captar la impresionante vista del torii elevándose contra el cielo al atardecer o bañado por la luz del amanecer. Este lugar, donde la arquitectura y la naturaleza se entrelazan armoniosamente, ofrece una experiencia única de la espiritualidad japonesa, arraigada en el respeto y la veneración por la belleza natural.

Hecho 81 - Los colegios tienen clubes de caligrafía

En las escuelas japonesas, la caligrafía, o "shodō", no es simplemente una asignatura que se imparte en clase, sino un arte que también se practica en clubes, donde los alumnos pueden perfeccionar su técnica y sentido estético. Los clubes de caligrafía se pueden encontrar en una amplia gama de establecimientos, desde escuelas primarias hasta institutos. Ofrecen a los alumnos la oportunidad de sumergirse en una disciplina artística que requiere paciencia, concentración y precisión, cualidades muy valoradas en la cultura japonesa.

La caligrafía japonesa es mucho más que una forma de escribir; encarna un arte que vincula la palabra escrita con la expresión personal y la tradición. Al unirse a un club de caligrafía, los estudiantes aprenden a dominar los trazos precisos y fluidos con pinceles tradicionales y tinta china. Los caracteres kanji no son sólo símbolos; se transforman en obras de arte en las que cada pincelada expresa una emoción o un pensamiento. El entrenamiento regular en estos clubes permite a los jóvenes adquirir un fino dominio de las técnicas caligráficas, desde la sujeción del pincel hasta la gestión del espacio en el papel.

Los concursos de caligrafía, organizados entre escuelas, son un acontecimiento para los miembros de estos clubes. Estos eventos permiten a los estudiantes presentar sus creaciones ante un jurado, y a veces incluso ante el público. Los concursos no se limitan a demostraciones individuales; también hay actuaciones en grupo en las que los estudiantes ejecutan grandes obras de forma sincronizada, a menudo acompañadas de música, creando un espectáculo impresionante. Este tipo de competición es un ejemplo de cómo la caligrafía puede ser tanto una actividad solitaria como un esfuerzo de colaboración.

La práctica de la caligrafía en las escuelas japonesas es también una forma de mantener viva una tradición milenaria. Los alumnos se inician en esta práctica con manuales y guías que muestran las obras de grandes maestros calígrafos del pasado, pero también recibiendo consejos directos de sus profesores o de invitados especializados. Es una forma de que conecten con su historia y comprendan la importancia de la estética y la cultura en su vida cotidiana.

El éxito de un club de caligrafía se mide no sólo por los trofeos que gana, sino también por la forma en que ayuda a sus alumnos a desarrollar la disciplina personal y el respeto por las artes tradicionales. Practicando con regularidad, aprenden a canalizar su energía y a expresar su individualidad a través de un arte que, a pesar de su aparente sencillez, requiere años de práctica para dominarlo por completo.

Hecho 82 - Los grabados japoneses ilustran paisajes

Las estampas japonesas, o "ukiyo-e", son famosas por sus representaciones de paisajes, que captan la belleza y diversidad de las escenas naturales de Japón. Este tipo de arte floreció durante el periodo Edo (1603-1868), un periodo de paz y estabilidad que permitió el florecimiento de las artes. Los paisajes, a menudo bellamente estilizados, reflejan una visión idealizada del mundo, donde la naturaleza es el centro de la experiencia humana, mostrando majestuosas montañas, ríos serpenteantes y apacibles vistas costeras.

Uno de los artistas más conocidos de este arte es Katsushika Hokusai, cuya serie "Treinta y seis vistas del monte Fuji" es un ejemplo emblemático de la forma en que se magnifican los paisajes en los grabados japoneses. Su famoso grabado "La gran ola de Kanagawa" muestra una enorme ola que amenaza con arrollar a pequeñas embarcaciones, con el monte Fuji al fondo, tranquilo e inmutable. Esta obra, al tiempo que capta la fuerza del mar, también evoca el profundo vínculo entre los japoneses y su entorno.

Los grabados de paisajes no sólo representan la naturaleza tal cual es; a menudo incorporan elementos poéticos y simbólicos, añadiendo una dimensión emocional y espiritual. Las estaciones, por ejemplo, son un tema recurrente: la flor del cerezo simboliza la efímera primavera, mientras que las resplandecientes hojas de arce ilustran la melancólica belleza del otoño. Estas imágenes permiten al espectador sentir los ciclos de la naturaleza y meditar sobre la fugacidad de la vida.

Otro aspecto fascinante de los grabados japoneses es la forma en que combinan lo cotidiano con lo sublime. Escenas de la vida urbana, viajeros por rutas famosas como la del Tōkaidō, o pescadores en plena faena, se enmarcan a menudo en espectaculares entornos naturales. El artista Utagawa Hiroshige es especialmente conocido por series como "Las cincuenta y tres estaciones del Tōkaidō", en las que capta momentos de la vida ordinaria en paisajes extraordinarios, ofreciendo una mirada poética del Japón de la época.

La influencia de los grabados japoneses en nuestra percepción de la naturaleza ha traspasado las fronteras de Japón, captando la imaginación de artistas de todo el mundo. No sólo han servido para documentar los paisajes del país, sino también para transmitir un mensaje más universal sobre la armonía entre el hombre y la naturaleza. Los grabados siguen siendo admirados no sólo por su belleza visual, sino también por su capacidad para captar la esencia de los paisajes japoneses en una forma de arte única e inolvidable.

Hecho 83 - Los templos sintoístas se pintan de bermellón

Los templos sintoístas de Japón, a menudo llamados "jinja", se distinguen por su brillante color bermellón. Este rojo brillante, a veces acompañado de toques blancos y dorados, no es simplemente una elección estética; tiene un significado profundamente arraigado en la cultura sintoísta. El color bermellón se asocia a la protección contra los espíritus malévolos y a la invocación de la buena fortuna. Al pintar las estructuras con este vivo tono, los templos simbolizan una barrera espiritual que aleja las influencias negativas y atrae las bendiciones.

Uno de los ejemplos más emblemáticos de estas estructuras bermellón es el santuario Fushimi Inari-taisha de Kioto, famoso por sus miles de torii rojos alineados en místicos túneles a través del bosque. Este santuario, dedicado al dios Inari, protector de las cosechas y el comercio, es un ejemplo perfecto del uso del bermellón para guiar las plegarias y reforzar la conexión entre los visitantes y las deidades. El llamativo contraste entre el torii rojo y el verdor circundante crea una experiencia visual impactante, reforzando la sensación de sacralidad y serenidad.

La pintura bermellón utilizada en los templos sintoístas es también una forma de preservar la madera de las estructuras contra los elementos y los insectos. El pigmento a base de cinabrio utilizado tiene propiedades protectoras que ayudan a prolongar la durabilidad de los edificios, un aspecto práctico que combina armoniosamente con el simbolismo espiritual. De hecho, la longevidad de estos templos, algunos de varios siglos de antigüedad, se debe en parte a este tratamiento regular, lo que demuestra que el mantenimiento de los lugares de culto se toma muy en serio en la tradición sintoísta.

Cada detalle del diseño de los templos sintoístas, incluido el color bermellón, está pensado para crear un espacio propicio para la meditación y la oración. El color atrae la mirada, animando a los visitantes a detenerse, contemplar y reflexionar. Los templos pintados de bermellón se convierten así en puntos focales del paisaje, un recordatorio constante de la presencia de los kami, los espíritus o deidades sintoístas, en la vida cotidiana de los japoneses. Proporcionan un espacio de transición entre el mundo material y el espiritual, donde la gente puede expresar su gratitud, pedir deseos y pedir consejo.

La tradición de pintar los templos de bermellón sigue siendo un fuerte elemento visual del paisaje cultural japonés, perpetuando una práctica que combina protección, belleza y espiritualidad. Los templos bermellón no son sólo monumentos religiosos; también son testigos vivos de la forma en que la armonía entre naturaleza, arquitectura y creencias puede manifestarse a través de una sencilla paleta de colores.

Hecho 84 - El arroz es un alimento básico en Japón

En Japón, el arroz no es sólo un alimento, sino un pilar fundamental de la cultura y la vida cotidiana. Se consume en casi todas las comidas, a menudo en forma de arroz blanco cocido al vapor conocido como "gohan". Este término, que también significa "comida", muestra la importancia del arroz en la dieta japonesa. Cultivado en las terrazas arroceras, el arroz es el resultado de un meticuloso trabajo agrícola, realizado con respeto y cuidado, que se refleja en su lugar sagrado en las comidas.

La importancia del arroz en Japón se remonta a miles de años atrás. Históricamente, servía como moneda de cambio y medida de la riqueza. Durante el periodo Edo, la riqueza de un daimyo, un señor feudal, se medía en función de su producción de arroz, en koku, una unidad que correspondía a la cantidad necesaria para alimentar a una persona durante un año. Este legado ha dejado una huella perdurable en la sociedad japonesa, donde el arroz simboliza no sólo el sustento, sino también la prosperidad y la abundancia.

El arroz japonés, principalmente de la variedad japónica, es corto, redondo y ligeramente pegajoso, lo que lo hace ideal para platos tradicionales como el sushi, el onigiri y el bento. Cada grano se lava cuidadosamente antes de cocinarlo para eliminar el exceso de almidón, lo que contribuye a su textura única y delicado sabor. Las comidas caseras no suelen estar completas sin un cuenco de arroz, que suele servirse solo, sin condimentos, para apreciar plenamente su sabor.

Además de su papel como alimento, el arroz está profundamente arraigado en las prácticas religiosas y culturales. Los japoneses utilizan el arroz para hacer ofrendas durante las ceremonias y festivales sintoístas. Los mochi, pequeños pasteles de arroz pegajoso, se preparan para el Año Nuevo y otras ocasiones especiales, simbolizando la longevidad y la buena suerte. El sake, un alcohol de arroz, también está presente en celebraciones y rituales, subrayando una vez más la importancia del arroz en todos los aspectos de la vida japonesa.

Hoy en día, incluso con la introducción de diversos alimentos y cocinas internacionales, el arroz permanece inquebrantable en su papel de alimento básico. Los japoneses le profesan un profundo respeto y lo consideran un regalo de los dioses que nutre el cuerpo y el espíritu. Encarna la continuidad de las tradiciones y los valores que han perdurado a lo largo de las generaciones, recordando a todos la sencillez y la riqueza de la cultura japonesa a través de un simple cuenco de arroz.

Hecho 85 - Los templos zen son lugares de meditación

Los templos zen de Japón son mucho más que simples edificios religiosos; son santuarios de calma y meditación, donde la gente busca alcanzar un estado de serenidad interior. El zen, una escuela budista introducida en Japón desde China en el siglo XII, hace hincapié en la meditación sentada, conocida como zazen. En estos templos, los practicantes se sientan en silencio, a menudo durante largas horas, para vaciar la mente y conectar con la esencia de su ser, lejos del ajetreo del mundo exterior.

La arquitectura de los templos zen refleja su vocación espiritual. Sencillos y despejados, los edificios están diseñados para fomentar la concentración y la meditación. Los jardines secos, o karesansui, son una característica emblemática de estos templos. Estos jardines, formados por arena rastrillada y rocas cuidadosamente colocadas, representan paisajes en miniatura que simbolizan elementos naturales como montañas y ríos. Contemplarlos invita a la reflexión y calma la mente, una experiencia meditativa en sí misma.

Un ejemplo famoso es el templo Ryoan-ji de Kioto, famoso por su jardín seco, cuya enigmática disposición de piedras da pie a muchas interpretaciones. Se dice que ningún visitante puede ver las quince piedras a la vez desde la misma posición, lo que incita a reflexionar sobre la perspectiva y lo incompleto, conceptos clave de la filosofía zen. Estos templos no son sólo lugares para monjes, sino también refugios para cualquiera que busque la paz interior, ya sean practicantes o simples visitantes.

En los templos zen, la vida cotidiana es también un ejercicio de meditación. Cada gesto, incluso el más mundano como barrer el suelo o preparar el té, se realiza con plena conciencia. Esta atención al momento presente, denominada "ichi-go ichi-e" (una vez, un encuentro), pone de relieve la belleza y el valor de cada instante. Se anima a monjes y visitantes a integrar esta filosofía en sus propias vidas, tratando de realizar cada acción con intención y presencia.

Los templos zen son, por tanto, mucho más que lugares de culto; son espacios donde la disciplina espiritual y la belleza se unen para ofrecer un camino hacia la tranquilidad y la sabiduría. Invitan a todos a bajar el ritmo, observar y encontrar la calma en medio del ajetreo de la vida cotidiana, encarnando una forma de meditación activa que se extiende más allá de los muros del templo.

Hecho 86 - Japón tiene ciudades nevadas en invierno

Japón, a pesar de su fama de país con veranos calurosos y húmedos, también alberga algunas de las ciudades más nevadas del mundo en invierno. Situadas principalmente en la región de Tōhoku y en la isla de Hokkaidō, estas ciudades experimentan duros inviernos con impresionantes nevadas. La ciudad de Sapporo, en la isla de Hokkaidō, es especialmente famosa por su Festival de la Nieve, donde gigantescas esculturas de hielo atraen cada año a millones de visitantes.

Las montañas de Japón desempeñan un papel crucial en estos fenómenos de nieve. Los vientos fríos procedentes de Siberia cruzan el Mar de Japón, recogiendo humedad y vertiendo grandes cantidades de nieve en la costa occidental del país. Esta nieve se convierte en un espeso manto blanco que cubre ciudades y pueblos, creando paisajes de impresionante belleza. La ciudad de Aomori, por ejemplo, suele citarse como una de las más nevadas del mundo, con acumulaciones anuales que a veces superan los ocho metros.

Vivir en estas ciudades nevadas requiere cierta adaptación. Las casas suelen construirse con tejados inclinados para evitar que se acumule la nieve, y las infraestructuras urbanas están especialmente diseñadas para soportar el peso y los rigores del invierno. Las carreteras están equipadas con sistemas de calefacción o chorros de agua caliente para derretir la nieve, un ingenioso método que mantiene las vías transitables incluso durante las peores tormentas.

Los inviernos nevados no son sólo una limitación, sino también una bendición para el turismo. Estaciones de esquí como Niseko y Hakuba atraen a esquiadores y snowboarders de todo el mundo gracias a su renombrada nieve polvo. Además, las aguas termales, u onsen, ofrecen momentos únicos de relajación, sobre todo al bañarse rodeado de nieve, una experiencia tan tonificante como relajante.

Estas ciudades nevadas encarnan una faceta fascinante de Japón, donde la naturaleza y las tradiciones invernales se dan la mano. Los residentes celebran la estación con festivales y actividades que muestran la belleza de su entorno, transformando los rigores del invierno en una celebración de la nieve y el frío. El encanto de las ciudades nevadas de Japón reside en su capacidad para abrazar plenamente la estación, convirtiéndola en una ventaja más que en un obstáculo.

Hecho 87 - Carroza Koinoboris en el Día del Niño

El 5 de mayo, durante el Kodomo no Hi, o Día del Niño, el cielo japonés se ilumina con koinoboris, mangas de viento de colores con forma de carpa que flotan al viento. Cada koinobori representa a un miembro de la familia: el más grande, a menudo negro, simboliza al padre, mientras que los más pequeños, de color rojo, azul o verde, representan a los niños. Esta tradición celebra el crecimiento, la salud y la fuerza de los niños, valores esenciales para las familias japonesas.

La carpa, un pez conocido por su determinación para remontar ríos a nado, simboliza la perseverancia y el éxito ante los retos. La imagen de la carpa luchando contra la corriente encarna la esperanza de que los niños superen los obstáculos de la vida con valor y tenacidad. Este simbolismo tiene su origen en una leyenda china que cuenta cómo una valiente carpa se convirtió en dragón tras cruzar una cascada, símbolo de transformación y realización personal.

Los koinoboris se cuelgan delante de las casas, en jardines o incluso en parques y escuelas, donde ondean graciosamente al viento. Sus vivos colores y su movimiento al viento crean un ambiente festivo y alegre. Es tanto un espectáculo visual como significativo, que recuerda a todos la importancia de proteger y animar a los jóvenes. Las familias las erigen con orgullo, a menudo en conjunción con ceremonias y rituales específicos del día.

El Día del Niño tiene orígenes antiguos, originalmente se celebraba como el Día de los Niños, mientras que el Día de las Niñas es el Hinamatsuri, el 3 de marzo. Desde 1948, la festividad se ha ampliado para honrar a todos los niños, reflejando el cambio social y la igualdad de género en Japón. Sin embargo, los koinoboris siguen estando profundamente asociados a la idea de fuerza y resistencia, cualidades tradicionalmente valoradas en la crianza de los niños.

La presencia de los koinoboris es un poderoso recordatorio visual de las esperanzas y sueños que las familias tienen para sus hijos. Al ver estas carpas flotando orgullosas, uno no puede sino admirar la importancia que se concede a la educación, el desarrollo personal y el espíritu familiar en la cultura japonesa. Los koinoboris no son meros adornos, sino emblemas de las aspiraciones de las generaciones futuras, flotando en lo alto del cielo, listos para enfrentarse a los vientos de la vida.

Hecho 88 - Los templos tienen jardines de arena rastrillada

Los jardines de arena rastrillada, conocidos como karesansui, son un elemento emblemático de los templos zen de Japón. Estos jardines, formados por grava, arena blanca y algunas rocas cuidadosamente colocadas, están diseñados para evocar paisajes naturales como montañas y ríos, a la vez que invitan a la meditación. La arena se rastrilla meticulosamente para crear patrones ondulados que simbolizan el agua y el movimiento, un ejercicio que requiere gran concentración y una precisión casi artística.

Estos jardines suelen asociarse a los templos zen, donde se utilizan para la meditación y la contemplación. El famoso templo Ryoan-ji de Kioto es uno de los ejemplos más emblemáticos de este estilo, con su jardín seco que atrae a visitantes de todo el mundo. Este jardín en particular, con sus quince piedras cuidadosamente colocadas en la grava rastrillada, ofrece multitud de interpretaciones, reflejando la idea zen de que cada observador puede ver algo diferente, dependiendo de su estado de ánimo.

Los patrones creados en la arena no son simplemente decorativos; representan un aspecto esencial de la filosofía zen: la simplicidad y el vacío, conceptos centrales en la práctica de la meditación. Al rastrillar la arena, monjes y jardineros buscan alcanzar un estado de tranquilidad y claridad mental, reflejo del equilibrio perfecto entre la naturaleza y el espíritu humano. El proceso en sí es una forma de meditación en acción, una manera de purificar la mente y centrarse en el momento presente.

Todas las mañanas se rastrillan los jardines para eliminar imperfecciones y crear nuevos patrones, símbolo de la impermanencia y la constante evolución de la naturaleza. Esta práctica es un recordatorio de la importancia de alimentar constantemente la mente, igual que se cuidan los jardines. Las ondulaciones de la arena imitan las olas del agua, y las piedras emergen como islas o montañas, simbolizando la estabilidad y la permanencia en medio del flujo constante de la vida.

Los jardines de arena rastrillada son también un espacio de silencio, donde la ausencia de vegetación y ruido urbano permite una inmersión total en la contemplación. Este contraste con el mundo exterior es deliberado, y anima a los visitantes a ralentizar el ritmo y conectar con su propio interior. Al pasear por estos jardines, se experimenta una forma de calma profunda, una invitación a la reflexión y a la paz interior que los templos zen pretenden ofrecer a todos y cada uno de sus visitantes.

Hecho 89 - Japón saluda en la derrota

En Japón, la reverencia, u ojigi, es mucho más que un simple gesto de cortesía. Es una práctica profundamente arraigada en la cultura japonesa, que expresa respeto, gratitud y disculpa. La inclinación varía según la situación: una ligera inclinación de la cabeza es suficiente para un saludo informal entre amigos, mientras que una inclinación de 30 a 45 grados se utiliza para ocasiones más formales o para mostrar un profundo respeto. Este gesto difiere de los apretones de manos, típicos en Occidente, y refleja reserva y modestia, valores muy apreciados en Japón.

El ángulo y la duración de la reverencia se observan cuidadosamente, ya que transmiten matices importantes. Por ejemplo, una reverencia profunda y prolongada expresa una disculpa sincera o un gran respeto, mientras que una rápida y superficial puede indicar un rápido saludo o un gesto de agradecimiento. Esta precisión en la reverencia ilustra la importancia que se concede a las relaciones sociales y al mantenimiento de la armonía, o wa, en la sociedad japonesa, un concepto fundamental en las interacciones cotidianas.

El arte de inclinarse se aprende desde muy temprana edad en Japón. A los niños se les enseña a respetar este ritual, no sólo en la escuela sino también en casa. Durante las ceremonias escolares o los encuentros con los mayores, practican la reverencia correcta para mostrar su respeto. Este comportamiento persiste durante toda la vida y se extiende a todas las esferas de la sociedad, desde las interacciones profesionales hasta los momentos más personales de la vida, lo que refleja la continuidad y la importancia de esta costumbre.

La reverencia no se limita a la interacción humana. En artes marciales japonesas como el judo, el kárate y el kendo, inclinarse antes y después de un combate es un gesto esencial para mostrar respeto al adversario. Esta práctica subraya la importancia de la humildad y el honor, pilares de la cultura japonesa. Así, incluso en un contexto competitivo, el respeto mutuo es primordial, y la reverencia se convierte en un ritual codificado que enmarca las normas de conducta.

En la vida profesional, inclinarse es un gesto habitual en las reuniones de negocios. Los empleados, sobre todo los de empresas tradicionales, reciben formación para saludar adecuadamente a compañeros, clientes y superiores. No es raro ver largas series de reverencias al saludar o dar las gracias a los socios comerciales. Este hábito, lejos de ser una formalidad, refuerza los lazos de confianza y demuestra un reconocimiento mutuo que va mucho más allá de las palabras, estableciendo un clima de respeto y cooperación en el mundo de los negocios.

Hecho 90 - Los tanuki son criaturas mitológicas

Los tanukis, a menudo confundidos con mapaches, son en realidad perros mapache, un animal muy real en Japón. Sin embargo, en la mitología japonesa, el tanuki es una criatura legendaria conocida por sus poderes de metamorfosis y su naturaleza traviesa. A menudo representado con un gran sombrero, una petaca de sake y una gran barriga, el tanuki mitológico es visto como una criatura alegre a la que le gusta gastar bromas a los humanos cambiando de apariencia o creando ilusiones.

En los cuentos populares, los tanuki son famosos por sus ingeniosas transformaciones. Pueden adoptar la forma de objetos, animales o incluso personas, a menudo para engañar o burlarse. Una historia, por ejemplo, habla de un mapache que se transformó en monje para engañar a un posadero y conseguir que le diera de comer gratis. Pero lejos de ser maliciosas, sus travesuras no suelen tener mala intención, lo que las hace más entrañables que peligrosas. Estas historias muestran al mapache como una figura simpática, cercana a los humanos pero también impredecible y traviesa.

Los tanukis también se asocian con la prosperidad y la buena suerte. A menudo se encuentran en forma de estatuas a la entrada de restaurantes y tiendas, con promesas de buena fortuna y éxito comercial. Estas estatuas, reconocibles por sus rollizas barrigas y expresiones joviales, invitan a los visitantes a entrar y pasar un buen rato. Se cree que traen buena suerte y alejan las malas energías, reforzando la idea de que el mapache, a pesar de sus travesuras, es un aliado benévolo en la búsqueda de la prosperidad.

En la iconografía tradicional, el tanuki se representa a menudo con atributos exagerados, especialmente su gran barriga y sus prominentes testículos, símbolos de abundancia y fertilidad. Aunque sorprendentes, estas representaciones son en realidad alegorías de la capacidad del mapache para adaptarse y transformarse, así como un guiño a su generosidad y su conexión con la tierra y la naturaleza. Estos rasgos recuerdan que el mapache, incluso en su forma mitológica, sigue estando profundamente vinculado a los elementos naturales de Japón.

Los tanukis ilustran a la perfección el modo en que el folclore japonés mezcla lo real y lo fantástico, reflejando una relación armoniosa con la naturaleza y una apertura a la imaginación. Estas criaturas recuerdan a los japoneses la importancia de la ligereza, el humor y la capacidad de adaptarse a situaciones cambiantes. Al celebrar al tanuki, Japón honra también su rico patrimonio de leyendas y cuentos populares que siguen fascinando y entreteniendo a generaciones enteras.

Hecho 91 - Los koinoboris simbolizan la fuerza y el valor

Los koinoboris, mangas de viento en forma de carpa, flotan majestuosamente en el cielo japonés cada mes de mayo para celebrar el Kodomo no Hi, o Día del Niño. Estas coloridas serpentinas son algo más que adornos: encarnan profundos valores de fuerza y coraje. La carpa es un símbolo poderoso en la cultura japonesa, famoso por su capacidad para nadar contra corriente y superar obstáculos, un rasgo que esperamos ver en los niños.

Según una leyenda china, una valiente carpa nadó contracorriente hasta llegar a lo alto de una cascada, transformándose en dragón por superar este inmenso reto. Esta historia ha traspasado culturas y arraigado en Japón, donde la carpa se ha convertido en un modelo de resistencia y perseverancia. Al izar koinoboris, las familias expresan su deseo de que sus hijos crezcan con la misma determinación y valentía ante los retos de la vida.

Los koinoboris suelen colgarse por orden de tamaño: el más grande representa al padre, seguido de carpas progresivamente más pequeñas para la madre y cada hijo. Esta jerarquía simbólica refleja la unidad y armonía familiar, al tiempo que subraya la importancia de la guía paterna en la crianza y crecimiento de sus hijos. El viento, que anima a estas carpas voladoras, se percibe como un aliento vital que insufla energía y vida a esta danza aérea.

Los colores del koinoboris también tienen un significado. Negro para el padre, rojo o rosa para la madre, y tonos de azul, verde o naranja para los hijos. Esta variedad de colores refuerza la idea de diversidad y complementariedad dentro de la familia, en la que cada miembro aporta su fuerza y energía únicas. Es una celebración vibrante que nos recuerda que la diversidad es fuente de riqueza y apoyo mutuo.

Hoy, incluso en las ciudades modernas, los koinoboris siguen adornando balcones y jardines, recordando las raíces culturales y los valores tradicionales que los japoneses aprecian. Esta tradición perdura como un vínculo vivo entre el pasado y el presente, encarnando la esperanza y la resistencia que deseamos transmitir de generación en generación. Los koinoboris flotan no sólo por los niños, sino por toda una sociedad que valora el valor y la perseverancia.

Hecho 92 - Los niños recolectan insectos en verano

El verano en Japón es sinónimo de naturaleza en pleno apogeo, y para los niños es la oportunidad perfecta para salir a cazar bichos. Esta tradición, profundamente arraigada en la cultura japonesa, es algo más que un pasatiempo: es una auténtica aventura veraniega. Equipados con redes y jaulas de plástico, los niños recorren parques y bosques para capturar escarabajos, cigarras y otros insectos fascinantes, una actividad que les conecta con la naturaleza y su ciclo estacional.

Los escarabajos rinoceronte y las moscas planeadoras son algunos de los insectos más populares. Atraparlos requiere paciencia y habilidad, lo que hace que la experiencia sea aún más gratificante. Los niños suelen tenerlos como mascotas, alimentándolas con gelatinas especiales que venden en las tiendas. Estos escarabajos, de imponentes cuernos y aspecto majestuoso, son admirados por su fuerza y resistencia, cualidades que también se valoran en los jóvenes exploradores.

Esta pasión por los insectos va mucho más allá de la simple recolección. La fomentan las escuelas y las familias, que ven en ella una oportunidad para aprender sobre los ecosistemas y el respeto a la vida. Los libros de texto escolares japoneses suelen incluir secciones sobre entomología, y los museos ofrecen exposiciones especiales sobre insectos, que permiten a los niños aprender más de forma divertida e interactiva.

La moda de coleccionar insectos también se refleja en eventos y concursos. Algunos parques organizan concursos en los que los niños pueden presumir de sus hallazgos y comparar el tamaño y la rareza de sus insectos. Esta dimensión competitiva añade un plus de emoción a la caza y refuerza los lazos sociales y el espíritu de camaradería. Padres y abuelos, a menudo nostálgicos de sus propios recuerdos de infancia, acompañan a veces a los niños, compartiendo consejos e historias de sus propias hazañas.

Este amor por los insectos ha influido incluso en la cultura popular japonesa, con juguetes, videojuegos y hasta manga protagonizados por estas pequeñas criaturas. Pero más que diversión, esta tradición inculca en los niños el aprecio por la biodiversidad y la conciencia medioambiental desde una edad temprana. A través de esta caza estival de insectos, los niños japoneses aprenden a observar con atención, a respetar la naturaleza y a desarrollar una curiosidad científica que les acompañará el resto de sus vidas.

Hecho 93 - Las montañas cubren el 70% de Japón

Japón es un país montañoso, con cerca del 70% de su territorio cubierto por un terreno accidentado. Esta particular topografía influye mucho en la vida cotidiana y la cultura japonesas. Las montañas, a menudo de origen volcánico, modelan no sólo el paisaje, sino también el clima, la agricultura e incluso la distribución de la población. De hecho, la mayoría de las ciudades e infraestructuras se concentran en las estrechas llanuras costeras, dejando las regiones montañosas en gran parte vírgenes y escasamente habitadas.

Una de las cadenas montañosas más famosas de Japón son los Alpes japoneses, que cruzan las islas de Honshu y ofrecen un paisaje espectacular en todas las estaciones. Estas montañas, con sus picos nevados en invierno y sus frondosos bosques verdes en verano, son destinos populares para los entusiastas de las actividades al aire libre. El monte Fuji, el pico más emblemático de Japón, se eleva hasta los 3.776 metros y atrae a millones de visitantes cada año, tanto para escalarlo como para admirar su perfecto cono.

La abundancia de montañas también influye en las prácticas agrícolas de Japón. La agricultura en terrazas es común, maximizando el uso de la tierra en zonas donde las llanuras son escasas. El arroz, alimento básico del país, se cultiva a menudo en estos campos escalonados, creando paisajes impresionantes y típicamente japoneses. Esta ingeniosa adaptación a terrenos difíciles demuestra la capacidad de los japoneses para armonizar su modo de vida con la naturaleza.

Las montañas también desempeñan un papel crucial en la cultura espiritual de Japón. Muchos templos y santuarios están situados en montañas o cerca de ellas, que se consideran sagradas. El monte Koya, por ejemplo, es un importante centro del budismo shingon y alberga una comunidad monástica desde hace más de mil años. Las montañas se consideran lugares de meditación, retiro espiritual e inspiración, profundamente respetados y a menudo celebrados en la literatura y el arte japoneses.

Por último, las montañas de Japón ofrecen una increíble diversidad de flora y fauna. Desde los monos de las nieves de las montañas de Nagano hasta los ciervos y osos pardos de los bosques de Hokkaido, la biodiversidad es rica y variada. Los bosques de montaña albergan también especies arbóreas milenarias, como los cedros milenarios de la isla de Yakushima. Estos ecosistemas preservados dan fe de la importancia de las montañas para mantener el equilibrio natural en Japón, un equilibrio que la población se esfuerza por proteger y celebrar.

Hecho 94 - Los ríos japoneses son claros y rápidos

Los ríos de Japón son famosos por su claridad y rapidez de caudal, una característica que se deriva directamente de la geografía montañosa del país. Debido a lo escarpado del terreno, los ríos suelen descender abruptamente desde las montañas, lo que les confiere una velocidad impresionante y unas aguas extraordinariamente claras. Ríos como el Kiso, el Tone y el Shimanto son ejemplos perfectos de estos meandros a través de paisajes naturales vírgenes, ofreciendo vistas espectaculares y aguas de una pureza poco común.

La claridad de los ríos japoneses es también el resultado de una fuerte conciencia medioambiental y de estrictas políticas de protección del agua. Los japoneses conceden gran importancia a la conservación de sus recursos naturales, y esto se refleja en la calidad del agua de sus ríos. La gente se cuida mucho de no contaminar estos cursos de agua, consciente de que son una fuente preciosa no sólo para la agricultura y la pesca, sino también para actividades recreativas como la natación, el piragüismo y la pesca con caña.

Estos ríos, aunque a menudo cortos debido al tamaño y configuración de las islas japonesas, albergan una biodiversidad asombrosa. Albergan peces como el ayu, una especie de trucha de agua dulce que se pesca a menudo con caña, y cuya presencia es señal de la buena calidad del agua. Los ríos también están bordeados de una exuberante vegetación, hábitat ideal para multitud de especies animales y vegetales. Las estaciones añaden su propio toque, con el cerezo en flor en primavera y el arce rojo en otoño, lo que hace que cada visita sea única.

La importancia de los ríos va más allá de lo natural; también tienen un papel cultural e histórico en Japón. Durante siglos han servido como rutas de transporte vitales, uniendo ciudades y facilitando el comercio. Incluso hoy, los ríos son parte integrante de festivales y tradiciones locales, como las competiciones de pesca de cormoranes en el río Nagara, una práctica ancestral que atrae a turistas de todo el mundo. Estos acontecimientos recuerdan el profundo vínculo entre los japoneses y sus ríos.

Por último, los ríos japoneses son símbolos de renovación y del paso del tiempo. Sus aguas claras y rápidas inspiran poemas, pinturas y leyendas, capturando el espíritu efímero y la belleza fugaz de la naturaleza. También son un recordatorio de la fuerza y la resistencia ante los desafíos, como las inundaciones que a veces se producen, sobre todo durante la época de lluvias. A pesar de ello, los ríos siguen fluyendo, ilustrando la capacidad de Japón para adaptarse y preservar sus tesoros naturales con respeto e ingenio.

Hecho 95 - Los cerezos japoneses son un símbolo nacional

Los cerezos, o sakura, son mucho más que árboles en Japón: son un símbolo nacional. Cada primavera, los cerezos en flor transforman el paisaje en un mar de pétalos rosas y blancos, atrayendo a millones de visitantes nacionales y extranjeros. La breve y magnífica floración encarna la belleza efímera de la vida, una idea profundamente arraigada en la cultura japonesa. Parques, jardines y riberas se adornan con estas flores, creando escenas icónicas que se celebran a través del hanami, la tradición de admirar los cerezos en flor.

Los cerezos también están estrechamente ligados a la historia de Japón. Durante siglos han sido protagonistas del arte, la poesía e incluso las ceremonias de guerra. En tiempos de los samuráis, los cerezos simbolizaban la brevedad de la vida y el honor en la muerte, valores fundamentales del código samurái. En la actualidad, los cerezos en flor siguen representando la idea de renovación y nuevos comienzos, lo que explica su asociación con el inicio del año escolar y fiscal en Japón, que comienza en abril, coincidiendo con el periodo de floración.

La variedad de cerezo más famosa de Japón es el Somei Yoshino, reconocible por sus flores delicadamente rosadas que aparecen antes que las hojas. Esta especie, muy extendida por todo el país, es el resultado de la hibridación del siglo XIX. Hoy en día, constituye la mayoría de los cerezos plantados en parques y jardines urbanos. La uniformidad de esta variedad permite crear espectaculares escenas de floración simultánea, un espectáculo que refuerza el aspecto colectivo y la unidad en la apreciación de la naturaleza.

Los cerezos también se utilizan para reforzar los lazos comunitarios a través de los festivales hanami, en los que familias, amigos y compañeros se reúnen bajo los árboles para hacer un picnic y celebrar la estación. Este acontecimiento social, profundamente arraigado en la tradición japonesa, ofrece una oportunidad única para acercarse y compartir momentos de convivencia. Lugares famosos como el parque Ueno de Tokio o a orillas del río Meguro se convierten en puntos de encuentro, iluminados por farolillos al atardecer para prolongar la magia de las flores.

Por último, los cerezos desempeñan un papel en la diplomacia japonesa. Se han regalado árboles a varios países como símbolo de amistad, entre ellos los famosos cerezos de la cuenca Tidal de Washington D.C., que fueron donados por Japón en 1912. Este gesto ha contribuido a estrechar los lazos entre las naciones y ha hecho de los cerezos un símbolo internacional de paz y buena voluntad, además de recordar su importancia cultural y emocional en Japón.

Hecho 96 - Los lápices japoneses suelen estar perfumados

En Japón son muy populares los lápices perfumados, que añaden una dimensión sensorial única a la experiencia de escribir y dibujar. Estos lápices, que suelen utilizar los niños en la escuela, están impregnados de fragancias ligeras y agradables, que van desde aromas afrutados como la fresa y la manzana hasta florales como la rosa. Este toque olfativo hace más divertido el aprendizaje y estimula los sentidos, convirtiendo una tarea sencilla en un momento de placer. Esta característica refleja la atención que los japoneses prestan a los detalles sensoriales en su vida cotidiana.

La tradición de los lápices perfumados hunde sus raíces en una cultura en la que se valora la apreciación de los sentidos. Los fabricantes japoneses de artículos de papelería, como Tombow y Mitsubishi, son famosos por su innovación y calidad. Han diseñado estos lápices para atraer no sólo a los niños, sino también a los adultos que buscan un toque de nostalgia o una forma de embellecer sus actividades creativas. Las fragancias utilizadas son generalmente sutiles, diseñadas para ser agradables sin ser abrumadoras, lo que hace que estos lápices sean igualmente adecuados para el aula o la oficina.

El atractivo de los lápices perfumados no reside sólo en su olor, sino también en el aspecto lúdico y educativo que aportan. Los profesores japoneses incorporan a veces estos lápices a las actividades docentes para captar la atención de los alumnos y hacer más interactivo el aprendizaje. Al asociar un olor con un momento de escritura o coloreado, los niños desarrollan una memoria sensorial que puede reforzar su compromiso y motivación para aprender.

Los lápices perfumados también reflejan la importancia de la papelería en la vida cotidiana japonesa. En Japón, la papelería es una forma de arte por derecho propio, y objetos como lápices, bolígrafos y cuadernos se diseñan cuidadosamente para combinar funcionalidad y estética. Los lápices perfumados son un ejemplo perfecto de esta filosofía: no son sólo herramientas utilitarias, sino también objetos de placer que hacen más agradable el acto de escribir o dibujar. Este enfoque refleja una cultura que valora los pequeños gestos y la mejora continua de los productos cotidianos.

Por último, los lápices perfumados se han convertido en populares souvenirs para los turistas que visitan Japón. Estos pequeños objetos encarnan la calidad, originalidad y atención al detalle que caracterizan a la cultura japonesa. Cuando uno se lleva a casa un lápiz perfumado, se lleva consigo un poco de esa atención a los sentidos y a la estética tan típica de Japón, que transforma hasta los objetos más sencillos en algo especial.

Hecho 97 - La bicicleta es un medio de transporte popular

En Japón, la bicicleta es un medio de transporte esencial, sobre todo en las zonas urbanas y residenciales. Su uso se fomenta con una infraestructura adecuada, con carriles bici bien desarrollados y aparcamientos específicos. Ya sea para ir al colegio, al trabajo o de compras, los japoneses suelen decantarse por la bicicleta por su practicidad y flexibilidad. Esta popularidad se explica por la densidad de las ciudades y las distancias cortas, que hacen que la bicicleta sea más rápida y accesible que el coche.

La bicicleta es también un símbolo de la eficacia cotidiana. Los japoneses, ansiosos por maximizar su tiempo y minimizar costes, encuentran en la bicicleta una solución económica y ecológica. Las bicicletas llamadas "mamachari", con su cesta en la parte delantera y a menudo un asiento para niños en la trasera, están especialmente extendidas. Estas prácticas bicicletas pueden utilizarse para transportar a los niños, la compra e incluso pequeños muebles, lo que las convierte en una opción versátil para muchos hogares.

La seguridad es también una característica importante de la cultura ciclista japonesa. Los ciclistas respetan escrupulosamente las normas de circulación, y los conductores de vehículos a motor están atentos a los ciclistas. Además, la mayoría de las bicicletas están registradas en la policía, con un número de serie y una matrícula específicos, para evitar robos y facilitar la devolución de las bicicletas perdidas a sus propietarios. Este sistema contribuye a hacer el ciclismo aún más atractivo y seguro.

En grandes ciudades como Tokio y Osaka, las bicicletas se integran en el paisaje urbano, circulando fácilmente junto a peatones y coches. También hay estaciones de autoservicio de bicicletas, que ofrecen una alternativa práctica a los turistas y residentes que no disponen de su propia bicicleta. Las estaciones de ferrocarril, los centros comerciales e incluso los edificios de oficinas disponen a menudo de aparcamientos para bicicletas, lo que demuestra lo integrado que está este medio de transporte en la vida cotidiana de los japoneses.

El uso de la bicicleta no es sólo una cuestión de practicidad, sino que también refleja un enfoque respetuoso con el medio ambiente. Japón es muy consciente de las cuestiones ecológicas que están en juego, y promueve modos de transporte sostenibles como la bicicleta para reducir las emisiones de carbono y descongestionar las carreteras. Esta mentalidad ecológica, unida al amor por el movimiento y la sencillez, hace de la bicicleta una opción natural y obvia para muchos. Hecho que lo convierte en un ejemplo sorprendente de la armonía entre modernidad y tradición en Japón, donde incluso un medio de transporte sencillo puede tener un impacto significativo en la vida urbana.

Hecho 98 - Los juegos tradicionales incluyen el kendama

El kendama es uno de los juegos tradicionales japoneses que sigue cautivando a grandes y pequeños. Este juguete, parecido a un bilboquet, consta de un mango de madera (ken) con tres copas y una pelota (tama) unidos por un cordel. El objetivo es lanzar la pelota y atraparla con el mango, apuntando a las copas o a la punta. Este juego, aparentemente sencillo, requiere en realidad gran destreza, precisión y una buena coordinación ojo-mano.

Históricamente, el kendama se originó en Francia en el siglo XVI con una forma similar, antes de ser adaptado y popularizado en Japón a principios del siglo XX. Su popularidad se extendió rápidamente más allá de las fronteras de Japón, y ahora se practica en todo el mundo, pero es en Japón donde el kendama está más arraigado en la cultura. Se ve a menudo en festivales locales, donde los niños compiten para inventar figuras cada vez más complejas.

El kendama no es sólo un juego de habilidad; también enseña valores como la perseverancia y la paciencia. El ajedrez es frecuente al principio, pero con la práctica, los jugadores mejoran sus habilidades y aprenden a celebrar las pequeñas victorias. En Japón, este enfoque del aprendizaje a través del fracaso y la repetición está profundamente arraigado en la cultura, y el kendama es una perfecta ilustración de ello.

En todo Japón se celebran competiciones de kendama que reúnen a aficionados de todas las edades. Estos eventos exhiben actuaciones impresionantes, con figuras acrobáticas y secuencias espectaculares que demuestran la agilidad y maestría de los participantes. Las competiciones son también una oportunidad para transmitir técnicas y consejos, creando una comunidad dinámica en torno a este juego tradicional.

El kendama sigue siendo un símbolo del equilibrio entre tradición y modernidad en Japón. Aunque su forma no ha cambiado mucho, sigue atrayendo a las nuevas generaciones, gracias sobre todo a las redes sociales y a los vídeos de trucos innovadores compartidos en línea. De este modo, el kendama sigue siendo un puente entre el pasado y el presente, un recordatorio de que los juegos sencillos pueden ofrecer momentos de alegría y aprendizaje que trascienden el tiempo y la cultura.

Hecho 99 - Las tijeras japonesas están diseñadas para la precisión

Las tijeras japonesas, a menudo llamadas "hasami", son famosas por su precisión y excepcional elaboración. No es casualidad que estas herramientas sean apreciadas no sólo por modistas y sastres, sino también por jardineros y artesanos. Fabricadas con meticuloso cuidado, las tijeras japonesas suelen forjarse con acero de alta calidad, similar al utilizado para las famosas katanas. Esta tradición de forja se remonta a siglos atrás y es evidente en cada par de tijeras, donde la artesanía se une a la eficacia.

Cada par de tijeras japonesas está diseñado para ofrecer un corte limpio y sin esfuerzo, incluso después de años de uso. Esto es posible gracias al exclusivo diseño de las hojas, que suelen estar ligeramente curvadas y perfectamente alineadas. Esto reduce la resistencia al cortar, algo esencial para tareas que requieren gran precisión, como el corte de tejidos delicados o la poda precisa de árboles bonsái. Hecho que hace de las tijeras japonesas una herramienta indispensable en muchas manualidades.

Las tijeras japonesas también son famosas por su diseño ergonómico. Su diseño suele incluir mangos asimétricos, optimizados para ofrecer la máxima comodidad, incluso tras largas horas de trabajo. Esta atención al usuario refleja la filosofía de fabricación japonesa, que hace hincapié en la simbiosis entre el objeto y la mano que lo utiliza. Este enfoque ha permitido a los artesanos japoneses crear herramientas que no sólo son funcionales, sino también una prolongación natural de los movimientos del usuario.

Otra característica destacable de las tijeras japonesas es su durabilidad. A diferencia de muchas tijeras industriales, las hojas de las tijeras japonesas pueden afilarse varias veces, lo que prolonga su vida útil. Esta facilidad de afilado es fruto de un saber hacer tradicional que valora la longevidad y la reutilización de las herramientas, en contraste con la cultura del usar y tirar. Las tijeras japonesas se convierten así en mucho más que una simple herramienta, sino en una inversión duradera y leal para sus usuarios.

Por último, las tijeras japonesas encarnan una estética propia de la cultura nipona, en la que belleza y funcionalidad se dan la mano en armonía. Decoradas con sutiles motivos o simplemente pulidas para revelar el brillo del acero, estas tijeras reflejan la discreta elegancia y la atención al detalle que caracterizan a tantos objetos cotidianos en Japón. No son sólo una herramienta de precisión, sino un símbolo de la artesanía japonesa, que combina tradición e innovación en cada golpe de la hoja.

Hecho 100 - En algunos lagos flotan nenúfares gigantes

En Japón, algunos lagos albergan nenúfares gigantes, un espectáculo impresionante que atrae a muchos visitantes cada año. Estas plantas acuáticas, a menudo de la variedad Victoria amazonica, se distinguen por sus hojas circulares que pueden alcanzar hasta tres metros de diámetro. Parecen casi irreales, flotando en la superficie del agua como inmensas mesetas verdes. Su presencia en jardines botánicos, como el de la ciudad de Fukuyama, es especialmente llamativa, atrayendo a los amantes de la naturaleza y la botánica.

Los nenúfares gigantes son famosos por su capacidad para soportar un peso considerable gracias a su estructura única. El envés de sus hojas tiene nervaduras rígidas que aumentan su resistencia y permiten que incluso un niño pequeño se ponga de pie sin que la hoja se hunda. Esta proeza natural fascina a los observadores y a menudo se utiliza en demostraciones en parques para resaltar las proezas de esta planta acuática.

El origen de estos nenúfares se remonta a la Amazonia, pero se han aclimatado bien en Japón, gracias sobre todo a los atentos cuidados de los jardineros, que se esmeran en recrear condiciones similares a las de su hábitat original. La temperatura del agua y los niveles de luz se controlan cuidadosamente para garantizar un crecimiento óptimo. Es un ejemplo perfecto de cómo Japón integra y adapta elementos exóticos, respetando sus necesidades naturales.

Estas plantas son espectaculares no sólo por su tamaño, sino también por su efímera y mágica floración. Las flores de los nenúfares gigantes se abren por la noche, revelando pétalos blancos que gradualmente se vuelven rosas. Este fenómeno sólo dura unos días, lo que añade una dimensión casi mística a su observación. Los visitantes acuden en masa a contemplar esta transformación, un espectáculo de la naturaleza que parece sacado directamente de un cuento de hadas.

Los nenúfares gigantes de los lagos japoneses son un ejemplo perfecto de cómo el país valora la belleza natural y la armonía con el medio ambiente. No son sólo un elemento decorativo, sino un símbolo de la coexistencia entre el hombre y la naturaleza. Estos nenúfares son un recordatorio de que, incluso lejos de su tierra natal, la naturaleza puede seguir fascinando e inspirando, ofreciendo momentos de pura serenidad en el corazón del paisaje japonés.

Conclusión

Ha llegado al final de este viaje por las maravillas de Japón. A través de estos 100 increíbles Hechos, has descubierto un país con muchas facetas, donde la tradición se mezcla con la modernidad de una forma única. Cada página ha sido una invitación a explorar un aspecto diferente de esta cultura rica y fascinante. Espero que estas historias te hayan cautivado y despertado tu curiosidad por aprender aún más.

Japón, con sus costumbres milenarias y sus innovaciones de vanguardia, es mucho más que un destino turístico. Es un lugar donde cada detalle cuenta, donde cada gesto tiene un significado y donde el respeto por la naturaleza y por los demás está arraigado en la vida cotidiana. Ya sea a través de sus espectaculares paisajes, sus sorprendentes tradiciones o su refinada gastronomía, Japón nunca deja de sorprender a quienes se toman el tiempo de descubrirlo.

Al conocer a los traviesos tanukis, las ceremonias del té y los impresionantes templos zen, habrá tocado lo más profundo de una cultura que sabe mantenerse fiel a sus raíces a la vez que abraza el futuro. Japón le muestra que la maravilla puede encontrarse en las pequeñas cosas: la caída de un cerezo en flor, el silencio de un jardín de piedra o la sonrisa de un niño que participa en la limpieza de una escuela.

Pero más allá de los Hecho, este libro también puede haberle revelado algo más profundo: la importancia de la resistencia, la adaptabilidad y la sencillez en nuestras propias vidas. Japón es un ejemplo vivo de cómo estos valores pueden trasladarse a la vida cotidiana. Al cerrar este libro, ten presente estas lecciones y recuerda que todas las culturas tienen algo valioso que ofrecer.

Gracias por dedicar su tiempo a descubrir estas facetas de Japón. Que esta exploración siga alimentando su deseo de aprender y viajar, ya sea a través de otros libros, películas o quizás algún día en persona. Japón es un mundo en sí mismo, siempre dispuesto a acoger a quienes deseen desentrañar sus misterios. Buen viaje, dondequiera que le lleven sus próximos descubrimientos.

Marc Dresqui

Quiz

1) ¿Dónde les gusta bañarse a los monos de las nieves para calentarse en invierno?

    a) En los ríos helados
    b) En baños públicos para humanos
    c) En onsen, aguas termales naturales
    d) En lagos helados

2) ¿Por qué son frecuentes los terremotos en Japón?

    a) Debido a los numerosos volcanes activos
    b) Fuertes vientos del Pacífico
    c) Dado que Japón se encuentra en la confluencia de varias placas tectónicas
    d) Debido a las mareas altas y los tsunamis

3) ¿Cuál es la situación de los luchadores de sumo en Japón?

    a) Se les considera entrenadores deportivos
    b) Se les considera artistas
    c) Se les considera superestrellas y figuras icónicas
    d) Se les considera aficionados que practican un hobby

4) ¿Cuál es una de las principales razones por las que los niños japoneses participan en las limpiezas escolares?

    a) Para aprender a utilizar productos de limpieza específicos
    b) Ganar dinero de bolsillo ayudando en el mantenimiento de la escuela
    c) Desarrollar valores como el respeto, la responsabilidad y el trabajo en equipo.
    d) Sustituir al personal de limpieza de la escuela

5) ¿Cuál es una de las principales funciones de los baños públicos, o "sento", en Japón?

    a) Servir sólo como destino turístico para extranjeros
    b) Proporcionar un lugar para asearse y relajarse, al tiempo que se fomenta la interacción social
    c) Ofrecer tratamientos de belleza y masajes a los visitantes
    d) Sustitución de los baños privados en las viviendas modernas

6) ¿Cuál es una de las funciones de los tatamis en las casas japonesas tradicionales?

    a) Como soporte para decoraciones murales
    b) Ayuda a regular la humedad interior absorbiendo y liberando la humedad
    c) Para uso exclusivo en artes marciales

d) Sustituir muebles tradicionales como sillas y mesas

7) ¿Cuál es una de las normas de etiqueta en la mesa respecto al uso de los palillos en Japón?
    a) Plantar los palillos en un cuenco de arroz es una señal de respeto
    b) Se recomienda pasar la comida de un par de palillos a otro.
    c) Señalar a alguien o algo con los palillos es aceptable
    d) Plantar los palillos en un cuenco de arroz recuerda a los ritos funerarios y está mal visto.

8) ¿Cuál es una de las principales características de los jardines de piedra japoneses o "karesansui"?
    a) Utilizan flores de colores para simbolizar las estaciones
    b) Las piedras están dispuestas al azar, sin ninguna intención específica.
    c) La grava se rastrilla a diario siguiendo delicados patrones
    d) Los jardines están reservados exclusivamente a las casas de té

9) ¿Cuál es el significado simbólico de los puentes curvos, o "taiko bashi", en la arquitectura japonesa?
    a) Representan el poder y la grandeza
    b) Simbolizan la riqueza y el estatus social
    c) Representan el paso de este mundo al reino espiritual
    d) Se construyen principalmente por razones de seguridad

10) ¿Cuál fue el papel principal de los shogunes en la historia de Japón?
    a) Eran los principales consejeros del emperador
    b) Sirvieron principalmente como generales en los ejércitos imperiales
    c) Gobernaron Japón como jefes militares supremos, ostentando el poder político y militar supremo.
    d) Eran responsables de los asuntos religiosos y de los templos budistas

11) ¿Cuál es una de las principales tradiciones de las familias japonesas durante el Año Nuevo (Oshōgatsu)?
    a) Todos van a la playa a celebrarlo
    b) Se visten con trajes tradicionales
    c) Se reúnen para comer platos especiales y visitar templos para rezar por el Año Nuevo.
    d) Organizan fuegos artificiales en su jardín

12) ¿A qué edad suelen empezar a entrenar los luchadores de sumo?
    a) En la edad adulta
    b) Adolescencia
    c) Desde la infancia, en los establos de sumo conocidos como heya
    d) Después de la universidad, como deportista profesional

13) ¿Cuál de los famosos bosques de bambú de Kioto es conocido por su belleza natural y serenidad?

   a)   El bosque de bambú de Sagano
   b)   El bosque de bambú de Nara
   c)   El bosque de bambú de Tokio
   d)   El bosque de bambú de Hokkaido

14) ¿Cuál es la principal característica de los pasteles de mochi que los hace únicos entre los postres japoneses?

   a)   Son crujientes y secos.
   b)   Son resbaladizas y elásticas.
   c)   Son chispeantes y ligeros.
   d)   Son duros y quebradizos.

15) ¿Cómo se llama el fenómeno natural por el que las hojas de arce se vuelven rojas en otoño en Japón?

   a)   Sakura
   b)   Hanami
   c)   Koyo
   d)   Tanabata

16) ¿Qué tienen de especial los torii flotantes de Miyajima?

   a)   Está construido en piedra blanca
   b)   Se encuentra en la cima de una montaña
   c)   Parece flotar en el agua durante la marea alta.
   d)   Está rodeado de cerezos en flor.

17) ¿Qué práctica es fundamental en los templos zen de Japón?

   a)   Lectura de los sutras
   b)   Oración en grupo
   c)   Meditación sentada, conocida como zazen
   d)   Oferta alimentaria

18) ¿Cuál es la principal característica mitológica del mapache en la cultura japonesa?

   a)   Son protectores de los bosques
   b)   Tienen poderes curativos
   c)   Pueden metamorfosearse en objetos y personas
   d)   Traen la lluvia durante las sequías

19) ¿Qué simbolizan los cerezos en flor en Japón?

   a)   Fuerza y resistencia
   b)   Prosperidad y suerte
   c)   La efímera belleza de la vida
   d)   Sabiduría y longevidad

20) ¿Qué característica de los nenúfares gigantes atrae especialmente a los visitantes de Japón?
   a) Su capacidad para cambiar rápidamente de color
   b) Su capacidad para soportar grandes pesos gracias a la rigidez de sus costillas.
   c) Su fragancia única y poderosa
   d) Su crecimiento rápido e invasivo

Respuestas

1) ¿Dónde les gusta bañarse a los monos de las nieves para calentarse en invierno?

Respuesta correcta: c) En onsen, aguas termales naturales

2) ¿Por qué son frecuentes los terremotos en Japón?

Respuesta correcta: c) Porque Japón se encuentra en la confluencia de varias placas tectónicas.

3) ¿Cuál es la situación de los luchadores de sumo en Japón?

Respuesta correcta: c) Se les considera superestrellas y figuras icónicas

4) ¿Cuál es una de las principales razones por las que los niños japoneses participan en las limpiezas escolares?

Respuesta correcta: c) Desarrollar valores como el respeto, la responsabilidad y el trabajo en equipo.

5) ¿Cuál es una de las principales funciones de los baños públicos, o "sento", en Japón?

Respuesta correcta: b) Proporcionar un espacio para asearse y relajarse, fomentando al mismo tiempo la interacción social.

6) ¿Cuál es una de las funciones de los tatamis en las casas japonesas tradicionales?

Respuesta correcta: b) Ayudan a regular la humedad interior absorbiendo y liberando humedad.

7) ¿Cuál es una de las normas de etiqueta en la mesa respecto al uso de los palillos en Japón?

Respuesta correcta: d) Plantar los palillos en un cuenco de arroz recuerda a los ritos funerarios y está mal visto.

8) ¿Cuál es una de las principales características de los jardines de piedra japoneses o "karesansui"?

Respuesta correcta: c) La grava se rastrilla diariamente siguiendo delicados patrones.

9) ¿Cuál es el significado simbólico de los puentes curvos, o "taiko bashi", en la arquitectura japonesa?

Respuesta correcta: c) Representan el paso de este mundo al reino espiritual.

10) ¿Cuál fue el papel principal de los shogunes en la historia de Japón?

Respuesta correcta: c) Gobernaron Japón como jefes militares supremos, ostentando el poder político y militar supremo.

11) ¿Cuál es una de las principales tradiciones de las familias japonesas durante el Año Nuevo (Oshōgatsu)?

Respuesta correcta: c) Se reúnen para comer platos especiales y visitar templos para rezar por el Año Nuevo.

12) ¿A qué edad suelen empezar a entrenar los luchadores de sumo?

Respuesta correcta: c) Desde la infancia, en los establos de sumo llamados heya.

13) ¿Cuál de los famosos bosques de bambú de Kioto es conocido por su belleza natural y serenidad?

Respuesta correcta: a) El bosque de bambú de Sagano

14) ¿Cuál es la principal característica de los pasteles de mochi que los hace únicos entre los postres japoneses?

Respuesta correcta: b) Son resbaladizas y elásticas.

15) ¿Cómo se llama el fenómeno natural por el que las hojas de arce se vuelven rojas en otoño en Japón?

Respuesta correcta: c) Koyo

16) ¿Qué tienen de especial los torii flotantes de Miyajima?

Respuesta correcta: c) Parece flotar en el agua durante la marea alta.

17) ¿Qué práctica es fundamental en los templos zen de Japón?

Respuesta correcta: c) Meditación sentada, conocida como zazen

18) ¿Cuál es la principal característica mitológica del mapache en la cultura japonesa?

Respuesta correcta: c) Pueden metamorfosearse en objetos y personas.

19) ¿Qué simbolizan los cerezos en flor en Japón?

Respuesta correcta: c) La belleza efímera de la vida

20) ¿Qué tienen los nenúfares gigantes que atraen especialmente a los visitantes de Japón?

Respuesta correcta: b) Su capacidad para soportar grandes pesos gracias a la rigidez de sus costillas.

Made in the USA
Monee, IL
19 May 2025

17761160R00069